जय माता दी - मानव कल्याण पर मेरी पुस्तक

राजेश डी सांघवी

notionpress.com

INDIA · SINGAPORE · MALAYSIA

Notion Press

No.8, 3rd Cross Street
CIT Colony, Mylapore
Chennai, Tamil Nadu – 600004

First Published by Notion Press 2020

ISBN
Paperback 978-1-63714-516-6
Hardcase 979-8-89588-069-2

मेरे गुरु- सद्‌गुरु जग्गी वसुदेवजी, मेरे चाचा जी श्री महेश पी सांघवी और मेरी पत्नी तेजल आर सांघवी को समर्पित।

Dear Self,

Becoming available to the Infinite intelligence of the Creation is the Only way to know life in its full depth and dimension

May you know the Bliss of the Divine

Love and Blessings

Dear RAJESH D SANGHVI ,

Namaskaram. Hope you are doing well and enjoying your Shambhavi Mahamudra kriya. We're happy to pass along this personal message from Sadhguru and look forward to having you take part in this amazing journey.

You can keep in touch with Sadhguru and Isha through Facebook – thought provoking articles addressing various aspects of life, profound daily quotes, Sadhguru's views on current affairs, insightful and inspiring videos - you can find all this and much more.

"Like" Sadhguru's Facebook page
"Like" Isha Foundation's Facebook page

If you have any questions about your kriya, please write to kriyasupport@ishayoga.org

Hope Inner Engineering has enriched your life and that you continue to nurture the seed planted in you!

Pranam,
Swami Nandaka
swami.nandaka@ishafoundation.org

isha

Isha.Sadhguru.Org | Contact us | Privacy | Unsubscribe

Isha Yoga Center, Velliangiri Foothills, Ishana Vihar Post, Coimbatore - 641 114, INDIA

Dear RAJESH D SANGHVI ,

Namaskaram. Hope your practices are going well. We would like to take this opportunity to welcome you and your family to the Isha Yoga Center in Coimbatore. An uplifting and rejuvenating space for self-transformation consecrated by Sadhguru, set against the beautiful and serene backdrop of Velliangiri foothills, the ashram offers a welcome break from the hustle and bustle of city life, and also a potent atmosphere for inner discoveries.

Meditating in Dhyanalinga, soaking in the Linga Bhairavi's grace, invigorating dips in the Theerthakund and doing your practices in the vibrant Ashram space will leave you drenched in vitality, peace, and the visible glow of a purified body and mind.

On a parallel note, you could take the step of volunteering. This can be in the form of offering this sacred science to your friends and family by sharing your experience with them. Or you might want to experience the Inner Engineering program again as a volunteer. You can also involve yourself in the social outreach projects.

I hope this journey has been enriching and that you will continue to nurture the Shambhavi Mahamudra Kriya. Stay connected and inspired via Facebook, Youtube, Blog.

Pranam,
Swami Nandaka

isha

Isha Yoga Center, Velliangiri Foothills, Ishana Vihar Post, Coimbatore - 641 114, INDIA

विषयवस्तु

प्रस्तावना

राजेश डी. संघवी पेशे से व्यवसायी हैं, पिछले दो दशकों से अपने परिवार द्वारा संचालित ऑटोमोबाइल वितरण व्यवसाय में काम कर रहे हैं। वे लंदन, यू.के. से डबल पोस्ट ग्रेजुएट हैं, जहाँ उन्होंने अपनी डिग्री प्राप्त की। किशोरावस्था में ही उन्होंने अपने गुरु की पहली पुस्तक महात्मा गांधी, बापू, हमारे राष्ट्रपिता भारत पढ़ी! अपनी आत्मकथा "सत्य के साथ मेरे प्रयोगों की कहानी" में राजेश का मानना है कि उन्होंने जीवन और अस्तित्व के बारे में सत्य अपने महान गुरु महात्मा गांधी से सीखा, जो आज भी उनके लिए प्रेरणा के स्रोत हैं और उन्हें पूर्ण निस्वार्थ भाव से मानव कल्याण गतिविधियों को आगे बढ़ाने के लिए प्रेरित करते हैं! स्वामी विवेकानंद उनके पास आए, अपने कॉलेज के दिनों में वे रामकृष्णमठ में श्री रामकृष्ण परमहंस के शिष्यों द्वारा हमारे राष्ट्र के भविष्य को आकार देने पर दिए जाने वाले व्याख्यानों को सुनते थे और उनके लेखन में प्रतिपादित राष्ट्रवादी भावना और आध्यात्मिकता से बहुत प्रभावित हुए, क्योंकि उन्होंने अपने दूसरे गुरु स्वामी विवेकानंद की शिक्षाओं को पढ़ा और आत्मसात किया, जिन्होंने उनमें देशभक्ति और भारत की सेवा की भावना को दृढ़ता से विकसित किया। इस बीच उन्होंने तेजल से विवाह किया और उनसे उनके दो प्यारे बच्चे हैं। उन्हें लगता है कि उनकी पत्नी तेजल उनके जीवन में बहुत बड़ा सहारा और शक्ति का स्रोत थीं और उन्हें लगता है कि उनकी विभिन्न उपलब्धियाँ उनके द्वारा दिए गए प्यार और प्रोत्साहन की देन हैं। यह उनकी पत्नी तेजल ही थीं जिन्होंने उन्हें रामायण की डीवीडी उपहार में दी थी। रामानंद सागर की महाभारत

उन्हें इतनी पसंद आई कि उन्होंने इसे अपने जीवन में अब तक 4 बार देखा! उन्होंने बीआर चोपड़ा की महाभारत के अलावा रामानंद सागर की श्री कृष्णा भी देखी, जिससे उन्हें भगवद गीता और उसकी शिक्षाओं को पढ़ने और आत्मसात करने की प्रेरणा मिली, जिसे वे आज भी पढ़ते हैं। लेकिन धर्म से गुजराती-जैन होने के कारण, वे अपने जैन धर्म के आगम शास्त्र, भगतांबर और अन्य धार्मिक शिक्षाओं से भी अच्छी तरह वाकिफ थे। धार्मिक तरीकों के बारे में उनकी व्यस्तता और जिज्ञासा ने उन्हें अन्य धर्मों के ग्रंथों का भी अध्ययन करने के लिए प्रेरित किया, जिनमें गुरु ग्रंथ साहिब, पवित्र कुरान और बाइबिल शामिल हैं। यह राजेश के लिए एक महान दिन था, जब उनकी पत्नी ने उन्हें ईशा फाउंडेशन के सद्गुरु जग्गी वासुदेवजी से मिलवाया, जो उनके जीवन में बाद में उनके जीवित तीसरे गुरु, सहगुरु हैं। उन्होंने लगभग एक साल पहले यूट्यूब पर उपलब्ध सद्गुरु के विभिन्न वीडियो देखकर उनके प्रति अपनी भक्ति शुरू की, और जब उन्हें एहसास हुआ कि वे एक जीवित गुरु के बीच हैं, तो उन्होंने सबसे पहले हैदराबाद में एक स्थानीय ईशा केंद्र में ईशा के प्रमुख योग कार्यक्रम इनर इंजीनियरिंग का लाभ उठाया। तब से, राजेश के लिए जीवन कभी भी एक जैसा नहीं रहा, क्योंकि उन्होंने अपने गुरु के प्रति अपने प्रेम और भक्ति को जारी रखा, कोयंबटूर में उनके आश्रम में कई बार गए और अब भी जाते हैं, और खुद को ईशा स्वयंसेवक के रूप में नामांकित किया! उन्होंने आश्रम में अपने गुरु को विभिन्न तरीकों से सेवा प्रदान की, क्योंकि वे ईशा के साथ गहराई से जुड़े रहे। आखिरकार सद्गुरु ने राजेश के प्रयासों, उनके निस्वार्थ स्वभाव और दूसरों की मदद करने के लिए किसी भी हद तक जाने और मानव कल्याण और मानव कल्याण के लिए अपना जीवन और समय समर्पित करने की उनकी इच्छा पर ध्यान दिया। उनके गुरु की प्रशंसा राजेश को स्वयं के हाथ से लिखे पत्र के रूप में आई, जिसमें उन्होंने अपने नए शिष्य के प्रति अपना प्यार और आशीर्वाद व्यक्त किया, और उसके बाद एक दूसरा पत्र, जिसमें उन्होंने अपने परिवार को कोयंबटूर में अपने आश्रम में रहने के लिए

आमंत्रित किया, और अपने ईशा फाउंडेशन के लिए स्वयंसेवक बनने के लिए कहा, इन दोनों पत्रों की प्रतियाँ राजेश द्वारा लिखी गई इस पुस्तक में उनके प्रिय गुरु को श्रद्धांजलि के रूप में शामिल की गई हैं। यह राजेश के लिए आध्यात्मिक पथ पर आगे बढ़ने और उसी मार्ग पर चलकर दूसरों को लाभान्वित करने के लिए प्रोत्साहित करने के लिए एक प्रेरणा थी, ये पत्र राजेश को ईशा फाउंडेशन द्वारा स्वयंसेवक के रूप में किए गए विभिन्न प्रोजेक्ट में काम करने के लिए विधिवत अधिकृत करते हैं! जैसा कि राजेश ने आश्रम में महत्वपूर्ण अवसरों पर सेवा की पेशकश करके, आश्रम में सप्त ऋषि पूजा, और आश्रम में महाशिवरात्रि समारोह 2018 का समर्थन करने के लिए काम और धन जुटाने के प्रयासों के द्वारा, आश्रम में स्वयंसेवा करने के लिए खुद को समर्पित करना जारी रखा, जहाँ उन्होंने इस अवसर पर अपनी साधना भी की। इससे पहले कि वह महसूस करता, अपनी शाम्भवी महामुद्रा योग क्रिया को रोजाना करते हुए, राजेश ने खुद को आश्रम के लिए समर्पित एक योगी में रूपांतरित होते देखा, साथ ही साथ एक अथक, निस्वार्थ दृष्टिकोण के साथ मानव कल्याण और मानव भलाई के लिए सेवा करना शुरू कर दिया! उनकी पुस्तक में उनके 3 महान गुरुओं द्वारा उन्हें दिए गए सामूहिक ज्ञान का एक फल समृद्ध रूप से उजागर किया गया है, जिन्होंने आज तक उनके जीवन को गहराई से प्रभावित और आकार दिया है! पुस्तक लेखन में उनका पहला प्रयास, उनके गुरु की शिक्षाओं से प्रेरित था, उन्होंने महसूस किया कि उनके पास एक दृष्टि और समाधान है, क्योंकि उन्होंने हमारे राष्ट्र भारत, दुनिया, हमारे समाज और आम तौर पर एक व्यक्ति से दूसरे व्यक्ति के दृष्टिकोण से वर्तमान समस्याओं और मुद्दों का पता लगाया और उनका अवलोकन किया! जब उन्हें एहसास हुआ, इन समस्याओं के बारे में सोचते हुए, उन्होंने अपने दिमाग को काम पर लगाया, कि हम इन समस्याओं को कैसे हल कर सकते हैं, तो उन्हें सुखद आश्चर्य हुआ कि वे हमारे समाज और हमारी दुनिया के सामने आने वाली कई समस्याओं के समाधान खोजने और तैयार करने में सक्षम थे,

जिसे उन्होंने अपने मुख्य उद्देश्य के साथ लिखा है, जो मानव कल्याण और मानव भलाई को बढ़ावा देना है, जो मानव पीड़ा को काफी हद तक कम करने या खत्म करने में प्रभावी है। उन्होंने अपने विचारों को समाधान के रूप में प्रस्तुत किया है, बिल्कुल नए दृष्टिकोण से, आज मानवता को परेशान करने वाली आम समस्याओं पर एक नया दृष्टिकोण, उनकी अधिकांश सोच प्रक्रिया दुनिया के लिए नई है, एक अनुभवात्मक, आध्यात्मिक और व्यावहारिक दृष्टिकोण से, जो वास्तव में मुद्दों को साहसपूर्वक संबोधित करती है और उनका सामना करती है, और ऐसे समाधान हैं जिन्हें व्यावहारिक रूप से लागू किया जा सकता है, अगर हमारे समाज में लागू किया जाए, तो मानवता और हमारी दुनिया को लाभ होगा! सभी को पढ़ना चाहिए! और विशेष रूप से हमारी दुनिया में कानून और नीति निर्माताओं के लिए बनाया गया है! यहाँ राजेश शिक्षा, विवाह, युद्ध, महिला कल्याण, अपराध, चिकित्सा देखभाल, बीमारी, गरीबी, पर्यावरण संबंधी समस्याओं और कई अन्य समस्याओं जैसे विविध मुद्दों को संबोधित करते हैं, जिनका हम एक राष्ट्र के रूप में और दुनिया में सामना करते हैं, एक बिल्कुल नए और अज्ञात, बिना सोचे-समझे, अपरंपरागत दृष्टिकोण से, और अच्छी तरह से सोचे-समझे समाधान प्रस्तुत करते हैं, जिन्हें वास्तव में कानून निर्माताओं और व्यक्तियों द्वारा अपने जीवन में नीति बनाकर लागू किया जा सकता है, ताकि हमारे समाज को परेशान करने वाली कई समस्याओं का समाधान किया जा सके! एक अनूठा अवसर और सभी के लिए अवश्य पढ़ने योग्य!

अध्याय 1

हिन्दू धर्म की शिक्षा

हिन्दू धर्म की शिक्षा क्या है? हमारे देश भारत में फिलहाल संविधान के अनुच्छेद 29 और 30 के तहत अल्पसंख्यक धार्मिक समुदायों, विशेष रूप से मुसलमान और ईसाई धर्म को मानने वालों को, अपने स्वयं के धार्मिक शैक्षणिक संस्थानों की स्थापना करने और अपने बच्चों में धार्मिक एवं भाषाई ज्ञान देने हेतु विशेष अधिकार एवं सुरक्षा दिए गए हैं। हालांकि सिख, बौद्ध, पारसी और जैनियों को भी संविधान में अल्पसंख्यक वर्ग में रखा गया है लेकिन आम तौर पर इन धर्मों की शिक्षा घरों में ही दी जाती है और मोटे तौर पर इन्हें हिन्दू धर्म का ही हिस्सा माना जाता है। इसके अलावा अपने बच्चों को धार्मिक शिक्षा देने के लिए इनके भी धार्मिक शिक्षण संस्थान नहीं होते। इन्हें भी हिन्दू समुदाय का हिस्सा माना जाता है और इन्हें हिन्दू धर्म से बना संप्रदाय माना जा सकता है।

हालांकि मुसलमानों के मदरसे और ईसाईयों के अपने धार्मिक संतों के नाम पर बनाए गए स्कूल हैं जिनमें वे अपने बच्चों को अपने धर्म की शिक्षा देते हैं; संविधान में हिन्दूओं को अपने बच्चों को हिन्दू धर्म की शिक्षा देने के लिए ऐसा कोई प्रावधान नहीं किया गया है। अनुच्छेद 30 सभी अल्पसंख्यकों को, भाषाई और धार्मिक शिक्षा प्रदान करने के लिए भाषाई और धार्मि, दोनों ही प्रकार के संस्थान बनाने और उसे चलाने का अधिकार देता है। संविधान का अनुच्छेद 29 इन अल्पसंख्यकों को धार्मिक, सांस्कृतिक और भाषाई सुरक्षा प्रदान करता

है। इस प्रकार बनाए गए संस्थानों को एक समुदाय के रूप में अपने हितों की रक्षा के लिए संचालन एवं शिक्षा प्रदान करने की स्वतंत्रता है।

हालांकि हमारे संविधान में बहुसंख्यक समुदाय के लिए धार्मिक या भाषाई शिक्षा प्रदान करने हेतु ऐसा कोई प्रावधान नहीं है। ऐसा इसलिए है क्योंकि संविधान के लेखकों को महसूस हुआ होगा कि बहुसंख्यक समुदाय अपनी जरूरतों को अपने दम पर पूरा कर लेगा और बहुसंख्यक समुदाय होने के नाते अपने हितों का ध्यान भी खुद रख लेगा।

वर्तमान स्थिति ऐसी है कि हालांकि कुछ बहुत छोटे हिन्दू धार्मिक शिक्षण संस्थान हैं जो कुछ धार्मिक शिक्षा प्रदान कर रहे हैं। वे हिन्दू मूल के कुछ संतों के अनुयायियों को उन संतों की धार्मिक शिक्षाएं देते हैं। फिर भी, ऐसा एक भी औपचारिक संस्थान नहीं बनाया गया है जो बच्चों को हिन्दू धर्म की शिक्षा दे।

हमारे देश में फिलहाल जो स्कूल हैं वे पश्चिमी अवधारणा पर आधारित है। इन्हें हमारे देश में ब्रिटिशों ने स्थापित किया था। हमें इनमें ब्रिटिश साहित्य जैसे शेक्सपीयर, ब्रिटिश कविताएं, ब्रिटिश गद्य और बच्चों को पढ़ाया जाने वाला विज्ञान जैसे गणित, भौतिकी, रसायनशास्त्र, मेडिसिन, प्रौद्योगिकी, कंप्यूटर्स, इतिहास, अर्थशास्त्र, भूगोल आदि में ब्रिटेन की झलक मिलती है।

हालांकि हमें अनिवार्य रूप से बच्चों को विज्ञान पढ़ाना चाहिए। ये अच्छे हैं लेकिन हमारे स्कूलों में ब्रिटिश संस्कृति देना बताता है कि हमने हमारी अपनी संस्कृति और भारतीय साहित्य को पूरी तरह से नज़रअंदाज कर दिया है। हिन्दू धर्म की शिक्षा को छोड़ दिया है।

मैंने एक सूची बनाई है जिसमें हमारे स्कूलों में नहीं पढ़ाए जाने वाले विषयों को रखा है। वेद, पुराण, उपनिषद् हमारे बच्चों को नहीं पढ़ाए जाते। हमारी सबसे महत्वपूर्ण धार्मिक पुस्तक - भागवत गीता, भी नहीं पढ़ाई जाती। अगम शास्त्र, जो मंदिरों के निर्माण का विज्ञान

है, नहीं पढ़ाया जाता। हमारे धर्म के देवी- देवताओं की कहानियां, शिव, 9 माताजी, गणेश, कृष्ण, ब्रह्मा, विष्णु और हमारे देवी और देवातओं का संपूर्ण ब्रह्मांड, जिनके बारे में सुनते हुए हमारे बच्चे बड़े होते हैं। पतंजलि का योग सूत्र नहीं पढ़ाया जाता। महाकाव्य रामायण और महाभारत नहीं पढ़ाए जाते। स्वामी विवेकानंद जी ने जिन चार योगों के बारे में बताया था- ज्ञान योग, कर्म योग, भक्ति योग, राज योग, इनके बारे में नहीं पढ़ाया जाता। भारतीय लोक कविताएं नहीं पढ़ाई जातीं। युगों के बारे में जानकारी नहीं दी जाती।

ब्रह्मचर्य का पालन करना नहीं सिखाया जाता। सबसे महत्वपूर्ण योग एवं ध्यान का विज्ञान, जो बच्चे की सफलता के लिए महत्वपूर्ण है, परिपक्वता एवं चेतना की प्राप्ति के लिए महत्वपूर्ण है, नहीं सिखाया जाता। विश्व को यह भारत का दिया सबसे बड़ा उपहार या योगदान है और इसे ही भारत में औपचारिक रूप से नहीं सिखाया जाता।

युद्ध कला (मार्शल आर्ट्स) का विज्ञान- कलारी, जिसका जन्म भारत में हुआ था और फिर जिसे चीन और जापान जैसे दूसरे देशों ने अपना लिया और अपने यहां इसे अलग नाम दे दिया, वह हमारे देश में मूल युद्ध कला कलारी की तुलना में अधिक प्रचलित हो गया है। कुछ संस्थानों, इनमें ईशा फाउंडेशन भी शामिल है, को छोड़ दें तो कलारी को हमारे देश में ही भुलाया जा चुका है।

आयुर्वेद का प्राचीन विज्ञान, प्राकृतिक उपचार, हमारे देश में किया जाता है लेकिन इसका अधिकांश हिस्सा समाप्त हो चुका है और हमारे बच्चों के इसके बारे में जानकारी दिए जाने की आवश्यकता है। हमारे देश में ही जन्म लिए धर्म जैसे बौद्ध, जैन, सिख, जो हिन्दू धर्म का हिस्सा है, इन धर्मों की शिक्षा भी नहीं दी जाती। बुद्ध के उपदेश, जैन तिर्थंकरों के उपदेश, भगवान महावीर, गुरु नानक और गुरु गोविंद सिंह के उपदेश हमारे बच्चों को नहीं पढ़ाए जाते।

विश्व में सभी भाषाओं का मूल, पवित्र भाषा- संस्कृत, इसे अपने ही मूल देश- भारत में भुला दिया गया है। चीन के लोगों ने अपनी भाषा का संरक्षण किया है। जापान, कोरिया, अरब, फ्रांस, इटली, रूस- इन सभी देश के लोगों ने अपनी मूल भाषा का संरक्षण किया है लेकिन हमारे अपने देश ने अपनी पवित्र भाषा- संस्कृत को संरक्षित नहीं किया।

संस्कृत का ज्ञान होने पर भारत की सभी प्राचीन लिपियों और पुस्तकों को पढ़ा जा सकेगा और संस्कृत भाषा को जानने वाले बच्चे हमारे अपने हिन्दू धर्म को उसके मूल रूप, संस्कृत लिपि, में पढ़ और समझ पाएंगे। भारत में कई संत और उनके वंशज हैं जैसे साईं राम, शंकर मठ और शंकराचार्य, राघवेन्द्र स्वामी आदि... इनके जीवन और उपदेशों के बारे में नहीं पढ़ाया जाता।

हमारे स्वतंत्रता संग्राम की सच्ची कहानियां और नायक जिन्होंने देश के लिए अपनी कुर्बानी दे दी, वह नहीं पढ़ाया जाता। कई प्रसिद्ध राजा और रानियां, उनके वंशज हैं, प्राचीन भारत से लेकर वर्तमान समय की कई प्रसिद्ध हस्तियां हैं जिनके बारे में नहीं पढ़ाया जाता। उदाहरण के लिए सरदार वल्लभ भाई पटेल और भारत को आकार देने में उनका योगदान; के.बी. हेडगेवार, आरएसएस या राष्ट्रीय सेवक संघ के संस्थापक और आरएसएस के वंशज एवं हमारे देश के निर्माण में बहुत बड़ा योगदान देने वाले सुभाष चंद्र बोस और उनका प्रसिद्ध आजाद हिन्द फौज; राजा अशोक और उसका इतिहास- जिनसे हमारा राष्ट्रीय प्रतीक अशोक चक्र जुड़ा है; भारत की महान महिला- रानी लक्ष्मी बाई, मीरा बाई, सरोजिनी देवी नायडू, राजा हरिशचंद्र आदि... । सूची बहुत लंबी है... भारत के ऐसे प्रसिद्ध लोगों की कहानियों को भारत के बच्चों को सुनाया जाना और इसके माध्यम से उन्हें प्रेरित किया जाना बाकी है।

बच्चों के लिए इन कहानियों पर आधारित, संस्कृत या कलारी सिखाने के लिए कोई किताबें नहीं मिलती। ये भारत के सच्चे विरासत

हैं और हमारे बच्चों को सिखाई जाने वाली हिन्दू धर्म की शिक्षा है, और यही अब भारत में नहीं है।

हिन्दू धर्म की शिक्षा शुरु करने का एक तरीका है कि हिन्दू धार्मिक संस्थान बनाए जाएं और उनमें हमारे बच्चों को भेजा जाए। इस संस्थानों में योग, ध्यान, कलारी युद्ध कला, संस्कृत और प्राचीन विज्ञान, विरासत एवं संस्कृति के अलावा व्यवहारिक विज्ञान जैसे गणित, भौतिकी, रसायनशास्त्र, मेडिसिन, प्रौद्योगिकी, कंप्यूटर आदि भी पढ़ाया जाए।

इस शिक्षा को शुरु करने का दूसरा और आसान तरीका है कि सभी सरकारी स्कूलों में यह शिक्षा दी जाए। इन स्कूलों में मुस्लिम और ईसाई बच्चों का हिन्दू धर्म की शिक्षा प्राप्त करना वैकल्पिक बनाया जा सकता है।

इस तथ्य पर ध्यान देना दिलचस्प है कि कुल स्कूलों में से 90% स्कूल और कॉलेज सरकारी हैं। इसलिए इन स्कूलों में इस शिक्षा को दिए जाने से भारत में पढ़ने वाले 90% बच्चों को कवर किया जा सकेगा और बाकी के 10% स्कूल जो कि प्राइवेट स्कूल हैं, वे सरकारी स्कूलों का अनुसरण करेंगें और बाद में यह उनके लिए भी अनिवार्य किया जा सकता है। इस प्रकार, हमारे भारत में तेज नतीजों और पूरी सफलता के साथ हिन्दू धर्म की शिक्षा दी जा सकती है।

एक और बात, हमारे सरकारी स्कूलों में खेल को प्रमुखता दिए जाने की आवश्यकता है। हमारे बच्चों के व्यक्तित्व निर्माण के लिए शारीरिक तंदुरुस्ती बहुत महत्वपूर्ण है। दूसरा, एनसीसी (नेशनल कैडेट कोर), इस प्रशिक्षण को सरकारी और प्राइवेट, दोनों ही स्कूलों में ऐसे बच्चों के लिए जो थल सेना, जल सेना और वायु सेना में जाना चाहते हों, अनिवार्य कर दिया जाना चाहिए।

प्रशिक्षण हमारे प्यारे बच्चों में कुछ अनुशासन एवं ढंग सिखाएगा और उन्हें हमारे भारत के रक्षा बलों से जुड़ने को प्रेरित करेगा। ये

बदलाव कर के और हिन्दू धर्म की शिक्षा प्रदान करना भारत और विश्व के नागरिक के रूप में हमारे बच्चों की सफलता सुनिश्चित करेगा। जागरूकता एवं परिपक्वता के साथ अपने जीवन की शुरुआत करने के कारण वे हमारे देश के गौरव बनेंगे। साथ ही हमारे देश की सफलता और विकास की गति निश्चित रूप से बहुत अधिक होगी। कल्पना करें कि 21वीं सदी में, उचित एवं जिम्मेदार तरीके से, हम किस गति से प्रगति कर रहे हैं। यह भारत के लिए महत्वपूर्ण है।

चूंकि वर्तमान में, हमारे बच्चों को औपचारिक रूप से हिन्दू धर्म की शिक्षा नहीं दी जा रही है। कुछ बच्चों को यह संयोग से मिल जाती है- अपनी दिलचस्पी और इस बारे में पढ़ कर और कभी- कभी, अधिक महत्वपूर्ण रूप में, उन्हें अपने माता-पिता से इस बारे में जानकारी मिलती है। नहीं तो उन्हें कोई औपचारिक मार्गदर्शन नहीं मिलता और वे डिफॉल्ट रूप में भारत के ब्रिटिश फॉर्मेट वाले स्कूलों और कॉलेज में चले जाते हैं। इनमें कोई धार्मिक या आध्यात्मिक ज्ञान नहीं दिया जाता और अज्ञानता, जीवन के सत्य के प्रति जागरूकता में कमी और हमारे अस्तित्व की वास्तविक प्रकृति की जानकारी न होने के कारण जीवन में असफल हो जाते हैं। यदि बच्चों को हिन्दू धर्म की शिक्षा दी जाए तो यह सारे गुण उनमें स्वाभाविक रूप से आ जाएंगे। ईश्वर भारत की संतानों को आशीर्वाद दें और इस लेख के माध्यम से सरकारी अधिकारी हिन्दू धर्म और भाषा की शिक्षा देने की दिशा में काम करें।

धन्यवाद।

अध्याय 2

हमारे बीच जीवित माताजी, हमारे भीतर मनुष्य का सर्वश्रेष्ठ स्वरूप

यदि हम मनुष्यों में कुछ भी सराहनीय, लेकिन सहज है तो, सराहना का वह अंश हम मनुष्यों में सृष्टि के सर्वोत्तम एवं जटिल रूप को जाता है, दूसरा आधा हिस्सा है- महिलाओं का उत्कृष्ट वर्ग!

कहा जाता है कि ईश्वर ने पहले पुरुष की रचना की और फिर कुछ समय के बाद महिलाओं की। अपनी पहली रचना- पुरुषों में कमियों को ढूंढ़ने के बाद। उन्हें सर्वोत्कृष्ट रचना करने का जुनून था और फिर उन्होंने महिलाओं को बनाया, निःसंदेह मनुष्यों का सर्वोत्तम संस्करण!

मैं हमारे समाज में महिलाओं की वर्तमान स्थिति और आदर्श रूप में यह स्थिति कैसी होनी चाहिए, पर कुछ शब्द कहना चाहूंगा।

यह तो स्पष्ट है कि ईश्वर ने, अपनी दूसरी परियोजना में, बहुत मेहनत की है। यही वजह है कि एक पुरुष की तुलना कभी भी एक महिला से नहीं की जा सकती। आईए समझने की कोशिश करते हैं कि कैसे। सबसे पहले, वे सुंदर दिखती हैं, हम उन्हें सुंदर, अद्भुत, सौम्य कहते हैं। यह ठीक है, स्वाभाविक रूप से, हमारे शब्दकोष में उन परिवर्तनों की आवश्यकता थी।

इसमें कोई दो राय नहीं है कि, आमतौर पर, पुरुषों की तुलना में महिलाएं अधिक अक्लमंद होती हैं। ऐसा कहना अतिश्योक्ति नहीं होगी

कि वे पुरुषों के जैसी ही समझदार और होशियार हैं। उनकी सबसे बड़ी शक्ति यह है कि उनमें दर्द और दुख सहने की लगभग अविश्वसनीय क्षमता होती है। धैर्य होता है एवं हमारे मानव जाति के जीवित रहने के लिए अनिवार्य प्रयासों के परिणाम को सहने की क्षमता होती है। वे अंतहीन शक्ति संपन्न होती हैं, इस सीमा तक कि, हम उनका सम्मान करते हैं, उन्हें शक्ति का स्रोत बताते हैं, मानव-शक्ति में सारी शक्ति, हम इस तथ्य पर कभी संदेह नहीं करते या यह कहते हुए नहीं थकते कि, प्रत्येक पुरुष की सफलता के पीछे एक महिला का हाथ होता है।

आईए, अब महिलाओं के व्यक्तित्व पर बात करें। सबसे पहले बात करते हैं, हमारी मानव प्रजातियों की निरंतरता जन्म की जटिल प्रक्रिया के माध्यम से बनी रहती है। हम इसका महत्व नहीं समझते और ईश्वर ने यह जिम्मेदारी हम में से सबसे योग्य वर्ग को दे दी। वे अपने गर्भ में शिशु को नौ माह तक रखती हैं, फिर मनुष्य के जन्म की दर्द भरी प्रक्रिया आरंभ होती है, उनका काम जारी रहता है, क्योंकि वे शिशु को खिलाती हैं, घर के दूसरे सारे काम करते हुए भी उन्हें बेहद जरूरी पोषण प्रदान करती हैं और अपना दूध पिला कर एक सुरक्षा चक्र बनाती हैं, शिशु को सभी घातक संक्रमणों से बचे रहने की शक्ति देती हैं। इससे शिशु में रोग-प्रतिरोधक क्षमता का निर्माण होता है।

शिशु की देखभाल करने और इस विश्व में प्रेम का अनुभव प्रदान करने का महत्वपूर्ण काम भी महिलाएं बहुत आसानी से कर लेती हैं, क्योंकि यह उनका स्वभाव होता है। पुरुष होने के नाते यह प्रक्रिया या क्षमता हमें अपने प्रयासों से अर्जित करनी पड़ती है। पुरुषों मे यह क्षमता महिलाओं के समान कभी भी नहीं हो सकती। हमारे भीतर के पुरुष को, महिलाओं के समान कोमल स्वाभाव प्राप्त करने के लिए कड़ी मेहनत करनी पड़ती है। यही कारण है कि बच्चे, दिल और दिमाग से, पिता से पहले अपनी माँ के होते हैं।

हम मूर्ख पुरुष, महिलाओं की महत्वपूर्ण भूमिका को कभी नहीं स्वीकारते, गृहिणी के रूप में भी नहीं। वे आपसे बिना कोई शिकायत

किए घर के सारे काम करती हैं। सबसे महत्वपूर्ण और जीवन के आधारभूत काम जैसे खाना बनाना, घर की साफ- सफाई करना, बच्चों की देखभाल करना, बड़े-बुजुर्गों की सेवा करना, आपके और आपके माता- पिता के साथ रहना, घर के लिए खरीददारी करना, घर में कोई चीज़- चाहे वह पैसा हो या सामान, बर्बाद न हो इसका ध्यान रखना, आपके बच्चों को पढ़ाना और पढ़ाई में उनकी मदद करना, आपका ध्यान रखना और आपकी अनुचित मागों को पूरा करना, हमेशा आपको सबसे व्यावहारिक सलाह देना, घर के खर्चों का ध्यान रखना, किसी प्रकार की मरम्मत की जिम्मेदारी उठाना, वे ये सारे काम बिना किसी परेशानी के कर लेती हैं।

एक महत्वपूर्ण बात जिसके बारे में हम जानते तो हैं लेकिन घर की महिलाओं के मामले में इसे महत्व नहीं देते। मुझे यकीन है कि हम सभी ने इसका अनुभव किया होगा। वह यह कि, हालांकि घर की महिला स्वादिष्ट भोजन बना कर आपको प्रसन्न कर देती है, वह परिवार के हर एक सदस्य को भोजन कराने के बाद ही भोजन करती है, आप उनसे अपने साथ भोजन करने को कहते हैं, वे आपकी बात नहीं सुनतीं, उनके लिए आपकी चिंता पर ध्यान दिए बगैर वे उत्तर देती हैं और कभी- कभी झूठ भी बोल देती हैं, कह देती हैं कि उन्होंने पहले ही खा लिया था। पूरे परिवार के लिए बनाए गए स्वादिष्ट भोजन को परिवार के हर एक सदस्य को पेट- भर कर खिलाने के बाद, आपको पता चलता है कि शायद उन्होंने भोजन नहीं किया है। पेट भर कर भोजन करने के बाद जब आप बाकी के सदस्यों के साथ सोने जाते हैं तब आपके मन में यह बात आती है और उस दिन वह अपनी इच्छा से भूखी ही सो जाती है क्योंकि परिवार के सदस्यों द्वारा भोजन किए जाने के बाद उसके लिए खाने को कुछ नहीं बचता। तो, यह वही है जिन्होंने आपके लिए भोजन पकाया, आपको भोजन कराया और रात में भूखी ही सो गई। यह एक महिला का ईश्वरीय गुण है, मैं शर्म के साथ प्रार्थना करता हूँ, अपने सर्वोत्तम प्रयासों के बाद भी, मैं अपनी पत्नी के इस आदत को बदल नहीं पाया।

गृहिणी होना आसान नहीं है। जिन्हें हम महत्व नहीं देते, एक पुरुष के लिए अपने पूरे जीवन में हर दिन ये सभी काम कर पाना असंभव है। मुझे लगता है गृहिणी के रूप में एक पुरुष कभी भी सफल नहीं हो सकता। मैंने केवल एक सप्ताह तक ही एक गृहिणी की बहुभूमिका वाले कार्य किए थे और मैं जानता हूँ कि मैं आप सबको सच्चाई बता रहा हूँ।

आधुनिक युग में, हमारे समय में, आज की महिलाएं बेहद शिक्षित हैं, आमतौर पर बालिकाएं स्कूलों में भी प्रथम आ रही हैं, और इसमें कोई आश्चर्य की बात नहीं। जैसे- जैसे वह युवा-अवस्था में पहुँचेगी, वे बहुत सक्षम बन जाएंगी। आज हमारे पास ऐसे कई उदाहरण हैं, दफ्तरों में वे पुरुषों के मुकाबले बहुत अच्छा काम करती हैं। चाहे वह कोई भी भूमिका हो- सरकार में, बैंकों में, बड़ी कंपनियों के सीईओ का पद पर, बहुराष्ट्रीय कंपनियां में, नेता हों, पुलिसकर्मी हों, अब विमान चालकों या जेट फाइटर्स के रूप में, या सेना में भी, वैज्ञानिक के रूप में, राज्य या राष्ट्र प्रमुख के रूप में, आध्यात्मिक गुरु के रूप में भी। आप किसी भी क्षेत्र में उन्हें कमतर नहीं पाएंगे। वे जो भी करती हैं उसमें उत्कृष्टता प्राप्त करती हैं।

इसके अलावा, ये कामकाजी महिलाएं, सामान्य रूप से, गृहिणी होते हुए भी, हमारे समाज में अपने शानदार काम को करते हुए, स्वयं पर हमें गर्व महसूस कराती हैं, हम आश्चर्य से उनको देखते हैं और आज वे हमारी प्रशंसा की पात्र बन चुकी हैं।

तो फिर, हम ऐसी दुनिया में क्यों जी रहे हैं जहां पुरुष स्वयं को महिलाओं से श्रेष्ठ समझते हैं? सिर्फ बाहुबल के कारण। प्रशिक्षण मिलने पर वे इस क्षेत्र में भी हम से आगे निकल जाएँगी। यहां तक कि हमारे भारतीय देवताओं में भी, शिव बैल पर सवार हैं और माताजी, जिन्हें परम शक्ति माना गया है, आपको पता है उनकी सवारी क्या है! बिल्कुल सही, एक शेर। इस सच्चाई को देख कर और महसूस कर, जिस प्रकार भारत और हमारे विश्व में महिलाओं के साथ आम तौर

पर व्यवहार किया जाता है, मुझे नफरत होने लगती है और मेरा हृदय तड़प उठता है। महिलाओं की तरफ बुरी नज़र और वासना को तृप्त और तुष्ट करने वाली वस्तु समझकर देखना।

हमारे इस आधुनिक विश्व में, हमने इसे परम सत्य के रूप में महसूस और स्वीकार किया है और हमें हमारे देश और विश्व में महिलाओं की दुखद स्थिति के लिए कुछ करने की आवश्यकता है। यह हमारे लिए शर्म की बात है कि वे आज भी समानता का अधिकार नहीं रखती, हमारे समाज में हम उन पर एहसान करते हैं। खैर, मुझे लगता है कि समय आ गया है, जब एक सज्जन पुरुष होने के नाते हम कहें कि, "पहले महिलाएं" या "लेडीज़ फर्स्ट", तो यह केवल शिष्टाचार न हो। महिलाओं को जीवन के हर पड़ाव पर पूरे अधिकार के साथ सबसे आगे रखा जाना चाहिए। और हमारे समाज में उन्हें महत्वपूर्ण भूमिका निभानी चाहिए, जिसके लिए वे बनी हैं और यह हमारे समाज के लिए भी सही है। प्रभु ने इसी लिए उन्हें बनाया था।

आज यही सर्वोत्तम और जागरुक तर्क है, महिला सशक्तिकरण के आधुनिक युग में, मुझे विश्वास है कि इससे हमारे समाज को, महिलाओं की कुलीन, देने की भावना और कुशल देखभाल के साथ बहुत लाभ मिलेगा।

अध्याय 3

जीवन सुधा- अच्छे कर्म की तीन-चरण वाली प्रक्रिया। क्या हिटलर यीशु के जैसा बन सकता था?

इस अध्याय में हम कुछ महत्वपूर्ण प्रश्नों के उत्तर पाएंगेः

हमें कष्ट क्यों होता है? आप अपने कष्ट को कैसे समाप्त कर सकते हैं?

मानवता के लिए तकनीकी दृष्टिकोण

ऐसा नहीं है कि हर एक व्यक्ति को कष्ट नहीं होता, लेकिन ज्यातार लोगों को, जिन्हें उनके जीवन में किसी-न-किसी रूप में कष्ट मिला है, वह इसलिए क्योंकि उन्हें जीवन के कुछ सामान्य सत्य का ज्ञान नहीं था और वे उन सत्य के प्रति जागरूक नहीं थे- वे हमारे अस्तित्व की सच्ची प्रकृति या जीवन की वास्तविकता एवं जीने के तरीके से अनजान थे।

ज्यादातर लोगों के उनके जीवन में कष्ट का यही एकमात्र कारण है। इस अज्ञानता के साथ जीवन बिताना- ज्यादातर लोगों के कष्ट का यही कारण होता है।

आईए अब जरा इन पर विचार करते हैं- हमने अलग-अलग परिस्थितियों से घिरा एक समाज बनाया है । इस समाज में हमारे

अस्तित्व के बुनियाद से जुड़े कुछ सामान्य सत्य का ज्ञान न होने के कारण, कुल मिलाकर हम दुखी होते हैं और दूसरों को दुख देते हैं।

आईए, बच्चों से ही शुरुआत करते हैं; बच्चे अपने माता- पिता और जिस सामाजिक- आर्थिक परिवेश में उनकी परवरिश हुई हैं, की वजह से दुखी हो सकते हैं। वे जीवन के तरीकों से अनजान होते हैं- वे खुद के लिए कष्ट पैदा नहीं करते। कष्ट तो उन पर थोपा जाता है, उनके आस-पास ऐसी परिस्थितियों होती हैं, इन्हीं परिस्थितियों में वे अपने कम समझ वाले और अजागरूक माता -पिता के साथ जीवन जी रहे होते हैं। यह उनका दुर्भाग्य है। लेकिन जब वे अपनी यौवन की अवस्था पार कर लेते हैं, उनके शरीर के हार्मोन्स सक्रिए हो जाते हैं, यौवन की अवस्था पार करने के बाद वे जो जीवन जीएंगे, तब यह कष्ट हमारे अस्तित्व की सच्ची प्रकृति को स्वीकार करने के प्रति उनकी जड़ता या अनिच्छा के कारण होगा।

सामान्य रूप से जब वे अपनी यौवन अवस्था पार कर लेते हैं, तो कोई भी व्यक्ति उन्हें जीवन की वास्तविकता के बारे में बताने के लिए उपलब्ध नहीं होता। वे मीडिया या अन्य लोगों के उन विचारों से प्रभावित होने लगते हैं जिन्होंने उनके सामने गलत उदाहरण प्रस्तुत किए हों।

वे अपने संवेदी अंगों के जाल में बंध जाते हैं, उनमें वासना की प्रवृत्ति आ जाती है और इस बारे में सिर्फ उन्हें ही पता होता है, वे अपने शरीर में काम कर रहे हार्मोन्स, जो उनकी बुद्धिमत्ता पर हावी हो जाते हैं, द्वारा बुने जाल में फंसते चले जाते हैं।

तो, उन्हें सत्य बताने की जिम्मेदारी किसकी है? या कठिन परिस्थितियों से स्वयं बाहर निकलने का तरीका बताने की जिम्मेदारी किसकी है? निश्चित रूप से उनके माता- पिता की जिम्मेदारी होनी चाहिए, यदि उनके पास जीवन की जानकारी है, या समाज, या उनके संपर्क में आने वाले लोग जैसे- उनके शिक्षक, मित्र या रिश्तेदार, जिन्हें

सत्य का ज्ञान हो और जो अपने ज्ञान साझा करने की इच्छा रखते हों, बच्चों को वासना तृप्ति से मिलने वाले कष्ट से बाहर निकालने के लिए। जीवन जीने का यह तरीका उन्हें ज्ञान एवं जागरुकता के बिना, इंद्रियों द्वारा बंधा जीवन जीने को प्रेरित करता है।

अब मैं न केवल बच्चों के लिए बल्कि ज्ञान एवं जागरुकता के अभाव में जीवन जीने वालों और जीवन के बारे में मूलभूत सत्य की जानकारी न रखने वालों और जिसकी वजह से वे अपना जीवन बर्बाद कर लेते हैं, ऐसे सभी लोगों के लिए तीन मार्गदर्शक सिद्धांतों, तीन चरणों के बारे में बताऊंगा।

आत्म-संयमः जब एक बच्चा अपनी यौवन अवस्था को पार कर लेता है, तब उसकी बुद्धि पर उसके हार्मोन्स हावी होने लगते हैं और उसके मन एवं शरीर पर कब्जा कर लेते हैं। इस क्षमता में पहुँचने के बाद शरीर और मन की नैसर्गिक प्रवृत्ति संभोग करने की हो जाती है। यानि विपरीत लिंग वाले सदस्य के साथ यौन संबंध बनाना और नए जीव को जन्म देना। पांच ज्ञानेन्द्रियां- आंख, कान, मुँह, नाक, त्वचा और यौन अंग- ईश्वर द्वारा क्रमबद्ध तात्कालिक आवश्यकता- मानव जातियों की निरंतरता सुनिश्चित करने हेतु संतान को जन्म देना और प्रजनन द्वारा अपने अस्तित्व को सुनिश्चित करना, को पूरा करने के लिए स्वाभाविक रूप से प्रेरित होते हैं।

इस तरह से ईश्वर ने शरीर एवं मन की रूपरेखा बनाई है ताकि अस्तित्व सुनिश्चित करने के लिए वे काम कर सकें और यह प्रवृत्ति यौन संबंध बनाने के लिए ईश्वर द्वारा निर्मित सबसे प्रबल प्रेरणा है। इसके साथ मनुष्य का गहरा यौन सुख जुड़ा है, इच्छित उद्देश्य को पूरा करने के लिए। लेकिन ईश्वर द्वारा इच्छित वास्तविक उद्देश्य को पूरा करने के लिए इन भावनाओं पर नियंत्रण करने एवं अनुरोध को ठुकराने की आवश्यकता है। किन्तु यदि यह अनियंत्रित बना रहा, तो यह मस्तिष्क पर छा जाएगा, शरीर एवं बुद्धि को निष्क्रिय कर देगा,

व्यक्ति को विनाश की राह पर ले जाएगा और आखिरकार वह व्यक्ति बर्बाद हो जाएगा।

जी हां, संतान उत्पत्ति के लिए यौन संबंध बनाना महत्वपूर्ण है लेकिन जब आप शरीर एवं मन की कामुकता की संतुष्टि के लिए यौन संबंध बनाते हैं, केवल आनंद के लिए, तब शरीर और मन का स्वास्थ्य बिगड़ने लगता है, आजीविका अर्जित करने की क्षमता कम होने लगती है, समृद्धि भी कम होने लगती है, सच्चा प्रेम की क्षमता समाप्त हो जाती है और व्यक्ति का व्यवहार असामाजिक हो जाता है, आखिरकार वह अपना जीवन बर्बाद कर बैठता है।

यौन अंग जन्म देने के लिए बनाए गए थे, न कि वासना सुख के लिए। इस प्रकार एक मनुष्य के जीवन में दुख आता है।

समाज में, विवाह और परिवार की आवश्यकता होती है, एक उत्तम आवश्यकता। लेकिन यह उचित तरीके से होना चाहिए। तो हम, हार्मोन्स के मस्तिष्क पर आक्रमण के बाद मन एवं शरीर पर नियंत्रण और वर्चस्व किस प्रकार प्राप्त करेंगे? हम आत्म- संयम के माध्यम से, अपनी पसंद (रसना- इसकी प्रवृत्ति भोजन करने और जिह्वा को अधिकतम आनंद प्रदान करने की होती है) पर नियंत्रण कर, इसे प्राप्त करेंगे।

यदि इस काम को कम उम्र में ही कर लिया जाए तो यह बहुत आसानी से हो जाता है। यदि यह विधि किशोरों को सही समय पर सिखाई जाई तो, बच्चों को ऐसा भोजन करना होगा जो उन्हें पसंद नहीं आएगा या जो स्वादिष्ट नहीं होंगा और वे रसना की तृप्ति की भावना ऐसे भोजन को अस्वीकार कर देगी लेकिन दूसरी तरफ, खाने के लिए चुने गए ऐसा भोजन पोषण से भरपूर होगा और शरीर को किसी प्रकार का नुकसान नहीं पहुंचाएगा।

ध्यान को दूसरी तरफ लगाने का यह तरीका और जिह्वा पर लगाम लाने और उसे नियंत्रण करने की यह प्रक्रिया सभी इंद्रियों पर

पूर्ण नियंत्रण प्राप्त करने एवं यौन सुख की आवेगपूर्ण प्रवृत्ति द्वारा शरीर और मन की आत्म-संतुष्टि की प्रवृत्ति को नियंत्रित करने में मदद करेगी।

ऐसे भोजन के सेवन की न्यूनतम अवधि 9 माह से 1 वर्ष की होनी चाहिए। इस अवधि में व्यक्ति के शरीर और मन पर आत्म-नियंत्रण विकसित करने के दौरान यौन सुखों की क्षणिक प्राप्ति के लिए पुरानी अवस्था में बिल्कुल नहीं लौटना चाहिए।

यह किसी प्रकार का उपवास या त्याग नहीं है। इनमें से कुछ नहीं। वास्तव में, लंबे समय तक उपवास करना, कई धर्मों में इसे एक गुण माना जाता है, शरीर को नुकासन पहुंचाएगा, क्योंकि उपवास करने से पेट में ऐसी स्थिति बन जाती है जिसमें पेट खाली रहता है, पाचन तंत्र में अम्ल (एसिड) बनने लगता है, इससे शरीर को तो अपूर्णीय क्षति होती ही है, पेट और पाचन तंत्र को भी नुकसान होता है।

परिवर्तन की इस अवधि में सलाद, फल, सब्जियां- अधपकीं या उबली हुईं, या अच्छा हो कि सब्जियों को कच्चा ही खाया जाए, खाने की सलाह दी जाती है। इसके अलावा, शरीर एवं मन को श्रेष्ठतम एवं नुकसानमुक्त स्थिति में बनाए रखने के लिए भोजन के कुछ अनिवार्य तत्वों जैसे सादा दूध, बहुत कम मात्रा में वसायुक्त तेल और थोड़ी मात्रा में नमक मिला पानी का प्रयोग किए जाने की आवश्यकता होती है।

इस भोजन में, यदि आप ऐसे पदार्थों को शामिल कर लें जो आपकी पसंद का न हो जैसे करेला और नीम की पत्तियां, तो शरीर के रूप-परिवर्तन और आत्म-नियंत्रण प्राप्त करने की प्रक्रिया तेज हो जाएगी और लक्ष्य की प्राप्ति समय से पूर्व और अधिक सटीकता से साथ हो सकेगी। इस समय अवधि में पका हुआ भोजन न करें और इसी का पालन करते हुए किसी अन्य प्रकार का भोजन भी न करें।

इस प्रकार के आहार लेने वालों में एक प्रकार की इच्छाशक्ति होनी चाहिए, ऐसा भोजन करने के साथ, शरीर का शुद्धिकरण होता है और इस प्रक्रिया में शरीर के दूषित पदार्थ भी बाहर निकल जाते हैं।

आत्म-संयम के इस महत्वपूर्ण प्रक्रिया के दौरान वज़न का कम होना बहुत आम बात है। मैं आपको स्वयं का उदाहरण देता हूँ। इस आहार को लेने से पहले, मैं बहुत वज़नी था; मेरा वज़न 165 किलोग्राम था। डेढ़ वर्ष से भी अधिक समय तक इस आहार को लेने के बाद, मेरा वज़न 64 किलोग्राम रह गया। इस अवधि के दौरान शरीर में ऊर्जा बनाए रखने के लिए मैंने व्यायाम भी किया। लेकिन इस आहार का एक अंतर्निहित लाभ यह है कि आप न सिर्फ स्वस्थ बने रहते हैं बल्कि आप स्वास्थ्य की सर्वोत्तम स्थिति को भी प्राप्त कर पाते हैं।

वज़न और जन्मजात प्रवृत्तियों के अनुसार, प्रत्येक व्यक्ति के शरीर की संरचना अलग होती है। हालांकि, इसका अपेक्षित परिणाम देना निश्चित है। लेकिन इस आहार से शरीर का कायापलट न्यूनतम एक वर्ष में हो जाएगा। यह आहार आपके शरीर और मन के इर्द-गिर्द मौजूद यौन सुख का आवरण हटा देगा और शरीर एवं मन पर आक्रमण करने वाले हार्मोन्स के प्रभावों को सफलतापूर्वक बेअसर कर देगा। यह कारगर होगा, और यह मन एवं शरीर की प्रवृत्तियों को, जो सबसे पहले हमारी बुद्धि को कुंठित कर देती है, पूरी सटीकता और प्रभाव के साथ नियंत्रित करेगा।

रसना पर नियंत्रण और उसके लाभ के बारे में मैंने जो कुछ भी यहां कहा है वह सब विभिन्न धर्मों के पवित्र ग्रंथों में साफ शब्दों में लिखा है और गुरुओं द्वारा शिष्यों बताया भी जाता है।

एक्शन प्वाइंट नंबर 2: जागरुकता एवं समझ को 100% करने के लिए प्रति दिन योग और ध्यान करना। प्रतिदिन, योग और ध्यान करने का प्रशंसनीय उप-उत्पाद है- शरीर एवं मन की शक्ति में आकाशीय उत्थान और इसी प्रकार, अच्छे स्वास्थ्य की शीघ्र प्राप्ति।

इसके साथ ही जिम्मेदारी महसूस करने की क्षमता और जीवन के प्रति उत्तरदायित्व की भावना विकसित होती है।

जीवन में जब तक संभव हो, तब तक प्रतिदिन योग और ध्यान करना जारी रखना आवश्यक है। इसके लिए रोजाना एक घंटे से अधिक समय देना जरूरी नहीं है। ऐसा करना केवल अपनी इंद्रियों पर नियंत्रण प्राप्त करने के प्रथम चरण से गुजर रहे व्यक्तियों के लिए ही अनिवार्य है। लेकिन योग और ध्यान के चरण 2 का अभ्यास पहले चरण- रसना पर नियंत्रण और शरीर एवं मन पर नियंत्रण प्राप्त कर यौन सुख पर नियंत्रण एवं उससे ध्यान हटाने के अभ्यास और उसमें सटीकता प्राप्त किए बिना व्यर्थ है।

चाहे आप भारत में हों या विश्व के किसी दूसरे देश में, मैं आपको सद्गुरु वसुदेव जी के ईशा फाउंडेशन में योग एवं ध्यान का प्रशिक्षण प्राप्त करने की सलाह दूंगा। योगानंद परमहंस या श्री श्री रविशंकर जी की ***आर्ट ऑफ लिविंग*** जैसी अन्य संस्थाएं भी हैं और मैंने जिस सत्य के बारे में बात की है वही सत्य अन्य धर्मों जैसे बौद्ध, जैन, ज़ेन, इस्लाम आदि के धार्मिक उपदेशों में भी दिखता होता है लेकिन योग और ध्यान की क्रिया सीखने के बारे में पूरे विश्व में मेरी एक ही पसंद है- सद्गुरु जग्गी वसुदेवजी के ईशा फाउंडेशन द्वारा दिया जाने वाला प्रशिक्षण।

सद्गुरु जग्गी वसुदेव जी मेरे वर्तमान और मेरे जीवन के दूसरे गुरु हैं। मेरे जीवन में कुछ समय के लिए, मैं स्वामी विवेकानंद का शिष्य बना था। जिनसे, जिनकी प्रेरक पुस्तकों को पढ़ कर, अपनी किशोरावस्था में, उनके द्वारा जीवन जीने के तीरकों और सत्य को अपनाने के बाद, मैंने उन्हें अपना गुरु माना था। इसलिए स्वामी विवेकानंद मेरे दूसरे गुरु हैं जिनसे मैंने न सिर्फ जीवन के बारे में बहुत कुछ जाना बल्कि उनकी पुस्तकों और उपदेशों को पढ़ कर मेरे देश भारत के प्रति मेरा प्रेम और भी गहरा हुआ।

एक्शन स्टेप 3: अपने पहले गुरु, स्वामी विवेकानंद जी से मिली सीख, जिनका मैं आज भी पालन करता हूँ, ने जीवन की एक और सच्चाई मुझे समझाई और बताया कि आदर्श नेतृत्व कैसे किया जा सकता है। यह हर एक व्यक्ति के लिए है, यदि वह ऐसा करने का विकल्प चुनता है कि वह विवाह करे और अपना परिवार बनाने के लिए संतान पैदा करे, उनके प्रति अपने कर्तव्यों का पालन करे और जीवन की पूर्ण आनंद ले, लेकिन उचित तरीके से, जैसा कि मेरे गुरु जी ने बताया है। जब तक आपका विवाह नहीं हो जाता, आपको एक ब्रह्मचारी का जीवन जीना चाहिए और जब आपका विवाह हो जाए, तब यौन अंगों का प्रयोग केवल इच्छित प्रयोग के लिए किया जाना चाहिए, यानि वंश-वृद्धि के लिए- एक आदर्श परिवार के पालन-पोषण हेतु अपने संतानों को जन्म देने के लिए। लेकिन जब आप अपनी संतान या संतानों को जन्म दे दें, तब आपको फिर से ब्रह्मचर्य के मार्ग पर लौट जाना चाहिए, ब्रह्मचारी का जीवन, जो आपको बहुत प्रेम और संरक्षण के साथ परिवार के होने एवं संतानों के भरण-पोषण के सुख का अनुभव देगा और आपके गृहस्थ जीवन को सफल बनाएगा।

यह स्पष्ट है कि विवाह के बाद, यदि आप अपने वंश-वृद्धि करने वाले अंगों का प्रयोग यौन सुख प्राप्त करने के लिए करते रहते हैं तो आपका जीवन भी निश्चित रूप से दुखों से भरा होगा, आप अपनी संतानों का सही तरीके से पालन-पोषण करने में भी असमर्थ हो जाएंगे और उनके लिए जीवन का बुरा उदाहरण भी स्थापित कर देंगे। आप एक प्रेममय और देखभाल करने वाले माता- पिता बनने की उनकी संभावना को भी समाप्त कर देते हैं। उनकी जिम्मेदारी उठाने में असमर्थ हो जाते हैं क्योंकि इस प्रक्रिया में आपकी आपकी संतानों के साथ आपकी पत्नी को भी पीड़ा होती है।

इसलिए एक आदर्श गृहस्थ जीवन के लिए भी उसी अनुशासन की आवश्यकता होती है। यह ठीक है कि एक गृहस्थ होने के नाते आप साधारण भोजन खाते हैं लेकिन रसना की संतुष्टि के लिए भोजन के

प्रति अति आसक्ति वीर्य के बह जाने का कारण बनेगा और बेकार चला जाएगा, क्योंकि इस प्रक्रिया में आप कष्ट में होंगें। अपने आहार में संतुलन बनाए रखते हुए भोजन करना आपको कभी भी कोई नुकसान नहीं पहुँचाएगा और आपको अपने परिवार के साथ आदर्श जीवन जीने देगा, ब्रह्मचर्य का पालन करने देगा।

सबसे महत्वपूर्ण है, मीठे का सेवन बहुत सावधानी के साथ करना चाहिए। इसे अधिक मात्रा में नहीं खाना चाहिए। चीनी कुछ और नहीं बल्कि सफेद ज़हर है और यह कैंसर का प्रमुख कारण भी होता है। यदि आप चीनी खाने से परहेज करते हैं तो आप बहुत आसानी से ब्रह्मचर्य जीवन जी पाएंगे और आपका वीर्य बेकार नहीं जाएगा। आपको ओजस, आध्यात्मिक शक्ति की प्राप्त होगी। यह आपको ईश्वर एवं उसकी अवधारणा के समीप रखेगा। इसके अलावा इससे आपको अनगिनत स्वास्थ्य लाभ और ऊर्जा एवं जीवन शक्ति मिलेगी। साथ ही मन एवं शरीर की सतर्कता भी प्राप्त होगी।

अपने भोजन में संतुलन बनाने का सबसे सरल तरीका है कि आप, अपने आहार के अनिवार्य अंग के रूप में रोजाना अच्छी मात्रा में सलाद और फल खाएं, ताकि आप अपने सुखी पारिवारिक जीवन में ब्रह्मचर्य का पालन करते रह सकें। यह नियम पति और पत्नी दोनों के लिए है।

अच्छा, यदि आप उपर बताए गए तीनों चरणों का पालन करते हैं और बेहतर जीवन जीते हैं तो आपको या आपके परिवार को दुख छू भी नहीं पाएगा। न ही आप किसी दूसरे व्यक्ति को दुख देंगे, क्योंकि आप उच्च कर्म वाला, सौभाग्य और आनंद से भरपूर जीवन जी रहे होंगे।

अब अध्याय के शीर्षक पर बात करते हैं: 'क्या हिटलर यीशु के जैसा बन सकता था, यदि वह जानता कि कैसे?'

निश्चित रूप से, वह, अपने कर्म से यीशु बन सकता था। मैं यह नहीं कह रहा कि पूरी तरह से, लेकिन उसमें अन्य सभी गुण थे। वह

प्रतिभाशाली था, बेहद सक्षम तानाशाह था, एक राष्ट्र प्रमुख के रूप में उसमें महान बनने के सभी गुण थे लेकिन उसकी एक ही समस्या थी, वह जीवन के सत्य से अनजान था, वास्तविकता से बहुत दूर था और निश्चित रूप से उसे हमारे मानव अस्तित्व के बारे में कोई जानकारी नहीं थी। लेकिन मान लीजिए कि वह यह सत्य जान गया होता, उसने जीवन में उपर बताए गए तीन चरणों का अभ्यास किया होता, तो एक तानाशाह के रूप में, वह प्रत्येक व्यक्ति के लिए दयालु रहता, हिंसा और अहंकार उससे कोसों दूर रहते, उसने इतिहास में सबसे अधिक पसंद किए जाने वाले नेता के रूप में काम किया होता, जिसके लिए मानव दया का दूध सागर के जैसे बहता। तब उसका काम वास्तव में एक महान व्यक्ति द्वारा किया गया काम होता, जिसे सभी अपने प्रिय नेता के रूप में पसंद करते और सम्मान देते।

तब क्या वह यीशु के करीब नहीं होता? मूल समस्या क्या थी? जीवन के सत्य के प्रति उसकी अज्ञानता।

अध्याय 4

परमेश्वर को मनुष्यों की सेनाओं की आवश्यकता नहीं है

उसके लिए लड़ो

यहां, हम दुनिया में होने वाले विभिन्न संघर्षों और आतंक के कृत्यों को संबोधित करते हैं, और हम धर्म और भूमि अधिग्रहण के नाम पर लड़े जा रहे युद्धों को कम करने के समाधान ढूंढकर उन्हें कैसे समाप्त कर सकते हैं।

यहां हम युद्ध को ईश्वर और धर्म के नाम पर लड़े जा रहे संघर्ष के क्षेत्र के रूप में संबोधित करेंगे। इनमें पहला है सीरिया. यह आज हमारी धरती माता पर नंबर 1 संघर्ष और युद्ध है जिसके तत्काल समाधान की आवश्यकता है।

सीरिया: सभी झगड़ों की मुख्य ज़मीन दरअसल हमारी दुनिया में चल रहे सभी झगड़ों की जननी सीरिया का 7 साल का संघर्ष ही है. यह इस्लामी समुदाय और राष्ट्रों के इस्लामी समूह के भीतर एक धार्मिक युद्ध है, जिसमें दुनिया के अन्य देश शामिल हैं और पक्ष लेकर छद्म युद्ध लड़ रहे हैं, जिसमें संयुक्त राज्य अमेरिका और रूस दोनों महाशक्तियां विपरीत पक्षों में एकजुट हैं। , जो युद्ध और संघर्ष को बढ़ावा दे रहे हैं, दोनों तरफ के राष्ट्रों का अपना समूह उनका समर्थन कर रहा है और छद्म युद्ध में शामिल हो रहा है।

युद्ध का कारण-यह इस्लाम के दो संप्रदायों, शिया बनाम सुन्नी इस्लामी समूहों के बीच एक धार्मिक संघर्ष है।

इन 7 वर्षों में युद्ध ख़त्म क्यों नहीं हुआ? ऐसा इसलिए है क्योंकि युद्ध संकल्प की अवहेलना करता है, केवल दो महाशक्तियों, संयुक्त राज्य अमेरिका और रूस के बाद से - जो कभी नहीं हरा सकते

जय माता दी, मानव कल्याण पर मेरी पुस्तक

एक-दूसरे, चूँकि वे परमाणु शक्तियाँ हैं और उनके पास उपयोग के लिए विशाल संसाधनों तक पहुँच है - छद्म युद्ध का हिस्सा हैं और एक-दूसरे के खिलाफ लड़ रहे हैं, संघर्ष के विपरीत पक्ष लेते हुए, वे सीरियाई युद्ध को जारी रखते हैं। अतः इस युद्ध में कोई विजेता नहीं हो सकता। तो, यह आज तक संकल्प की अवहेलना करता है! एक तरफ, यह रूसी हैं, जिन्हें ईरान और तुर्की का समर्थन प्राप्त है, जो तानाशाह बशर अल असद के नेतृत्व वाली सीरिया की सैन्य सरकार का समर्थन करते हैं। और दूसरी तरफ, यह संयुक्त राज्य अमेरिका है, जो संघर्ष को समाप्त करने की मांग कर रहा है, सीरिया के विद्रोहियों का समर्थन कर रहा है और यूरोप के राष्ट्र और सऊदी अरब जैसे इस्लामी राष्ट्र हैं जो विद्रोहियों को सीरिया की भूमि पर कब्जा करने में मदद करने के लिए नैतिक और वित्तीय समर्थन देते हैं। .

युद्धों की इस जननी में, कौन पीड़ित है? ये सीरिया के लोग हैं. वे एक भयानक युद्ध में फंस गए हैं, जो कभी ख़त्म होने का नाम नहीं ले रहा है, और उन पर सबसे गंभीर अत्याचार किए जा रहे हैं, महीने दर महीने, दिन-ब-दिन, वे युद्ध के शिकार बन रहे हैं, क्योंकि सेनाएँ एक-दूसरे से लड़ती हैं और सबसे अमानवीय अत्याचार करती हैं। क्रूरता, नरसंहार और नरसंहार जो उन पर किए जाते हैं क्योंकि छद्म युद्ध में दोनों तरफ से उन्हें मौत के घाट उतार दिया जाता है।

रूसी सहयोग नहीं करते क्योंकि वे युद्ध पर अपना प्रभाव चाहते हैं और दुनिया को एक महाशक्ति के रूप में चाहते हैं, क्योंकि उनका संयुक्त राज्य अमेरिका के साथ शीत युद्ध अभी भी जारी है। वे एक महाशक्ति के रूप में अपने प्रभाव क्षेत्र और शक्ति को बचाने के प्रति सचेत हैं। इसलिए, संयुक्त राज्य अमेरिका और सहयोगी राष्ट्र जो रूस के खिलाफ हैं - भले ही वे युद्ध को समाप्त करना चाहते हों और वहां मनुष्यों पर होने वाले घातक अत्याचारों पर रोक लगाना चाहते हों - असहाय हैं और ऐसा करने में असमर्थ हैं।

यह समझना बहुत मुश्किल नहीं होना चाहिए कि केंद्र बिंदु, या आतंकवाद का प्राथमिक स्रोत, या दुनिया भर में आतंकवाद के सभी कृत्यों का मुख्य स्रोत सीरिया है, दुनिया भर में सभी आतंकवादी हमलों के लिए मुख्य प्रेरणा, और

राजेश डी संघवी

धार्मिक युद्धों के अन्य सभी मोर्चे वर्तमान में सीरिया से उत्पन्न होते हैं, उदाहरण के लिए, फिलिस्तीन, अफगानिस्तान, भारत में कुछ हद तक कश्मीर आदि।

यह धार्मिक युद्ध कायरतापूर्ण प्रकृति का है क्योंकि सीरिया के नागरिकों पर रासायनिक हथियारों का प्रयोग किया जा रहा है। ऐसा कई बार हुआ है- सीरिया के बच्चे रासायनिक युद्ध के प्रमुख लक्ष्य हैं, महिलाएं और निर्दोष नागरिक भी हैं। स्थिति इतनी विकट है कि सीरिया के स्वघोषित मुक्तिदाता, वहां की इस कायरतापूर्ण स्थिति से प्रेरित होकर, जहां सीरिया के निर्दोषों का नरसंहार हो रहा है, जो अब अपने 7वें वर्ष में है, प्रेरणा और प्रेरणा का मुख्य स्रोत बन गया है आतंकवाद के सभी दुस्साहसिक कृत्यों के लिए।

दुनिया के विभिन्न हिस्सों में आतंकवादी हमले किए जा रहे हैं और दुनिया भर में लड़े जा रहे धार्मिक युद्धों के अन्य सभी मोर्चों पर

भी दुश्मनी को बढ़ावा मिल रहा है। सीरिया की स्थिति आज हमारी दुनिया भर में आतंकवाद का केंद्र बन गई है। खास तौर पर इस वजह से भी कि सीरिया में लड़ी जा रही जंग का कोई अंत होता नजर नहीं आ रहा है. इसलिए, कई आतंकवादी समूहों का जन्म, यूरोप और बाकी दुनिया में बमबारी बेरोकटोक जारी है, जिससे आज दुनिया में इस्लाम के अनुयायियों का नाम खराब हो रहा है।

तो, हम इस स्थिति के बारे में क्या करें, हम इस स्थिति को कैसे सुलझाएं, दुनिया भर में फैल रही हिंसा को कैसे रोकें? खैर, मुख्य व्यक्ति जो युद्ध को समाप्त करने में मदद कर सकता है वह स्पष्ट रूप से अमेरिकी राष्ट्रपति है, क्योंकि अमेरिका एक महाशक्ति के रूप में प्रमुख स्थान रखता है।

उस समय से, 2020 में, सीरियाई युद्ध समाप्त हो गया है, इस्लामी समुदाय के सुन्नी और शिया ने अंततः दुनिया में इस फ्लैशपॉइंट को बंद करने के लिए ट्रूस का आह्वान किया है!

आइए अब विश्व शांति के बारे में चर्चा करें, मुझे लगता है कि यह आज हमारी दुनिया में निश्चित रूप से प्राप्त करने योग्य है!

एक शानदार विचार से शुरुआत!

क्या आपने कभी सुना है कि अमेरिका का कोई राष्ट्रपति दोस्ती करके अपने सबसे खतरनाक दुश्मन रूस से दोस्ती करने की कोशिश कर रहा हो?

जय माता दी, मानव कल्याण पर मेरी पुस्तक

रूस से दोस्ती करना अमेरिका और दुनिया के लिए सबसे अच्छी बात होगी। यदि दोनों महाशक्तियाँ एकजुट हो जाती हैं और मजबूत मित्र बन जाती हैं, तो क्या यह शीत युद्ध की समाप्ति, दुनिया में सभी संघर्षों को कम करने का आह्वान नहीं है, यह परमाणु और परमाणु ऊर्जा के तनाव को कम करने का भी आह्वान होगा। दुनिया

में चल रही है पारंपरिक हथियारों की होड़? क्या यह विश्व में परमाणु निरस्त्रीकरण के नये युग की शुरूआत नहीं कर सकता? खैर, अगर दुनिया के दो सबसे बड़े प्रतिद्वंद्वी मित्रता में, आपसी सहयोग में एक साथ आते हैं और पारस्परिक लाभ के उद्देश्य से काम करते हैं और दुनिया के मामलों का संचालन करते हैं, तो क्या हम एक नई विश्व व्यवस्था नहीं देखेंगे, जो स्वर्ण युग की शुरुआत करेगी हमारी धरती माता पर समस्त मानवता के लिए?

वर्तमान में, दुनिया दो भागों में विभाजित हो गई है, जहां राष्ट्रों ने महाशक्तियों के दोनों पक्षों के साथ गठबंधन किया है, और यही कारण है कि ये अन्य राष्ट्र एक-दूसरे का विरोध करते हैं। लेकिन अगर राष्ट्र-राज्यों के दो समूहों के बीच दोस्ती का मेल हो जाए जो आज शीत युद्ध लड़ रहे हैं, तो इससे आपसी लाभ के सामान्य उद्देश्य के दृष्टिकोण के साथ उनके एक साथ आने से दुनिया में संघर्ष समाप्त हो जाएंगे, क्या यह दुनिया नहीं होगी रहने के लिए बेहतर जगह होगी? निश्चित रूप से! यदि ऐसा होता तो इतने सारे परमाणु हथियारों और आज हमारी दुनिया में चल रहे विवादों और संघर्षों की क्या आवश्यकता है?

यदि अमेरिकी राष्ट्रपति संघर्षों को समाप्त करने की इस भावना का प्रदर्शन करते हैं। तभी, संयुक्त राज्य अमेरिका और रूस के बीच स्थायी शांति स्थापित की जा सकेगी, जिससे परिदृश्य बेहतरी के लिए पूरी तरह से बदल जाएगा! केवल तौर-तरीके बदलने और एक-दूसरे से प्यार करने के लिए अपने दिल खोलने से, दुनिया के लिए इतना गंभीर खतरा खत्म हो जाएगा!

यह केवल अमेरिकी राष्ट्रपति ही हैं जो इतना बड़ा बदलाव ला सकते हैं और ऐसा कर सकते हैं। यदि यह किया जा सकता है, तो मुझे नहीं पता कि हमारी दुनिया के लोगों के लिए इसे तुरंत हासिल करने में उसे एक मिनट भी अधिक क्यों लगना चाहिए! यह विश्व में सभी संघर्षों को समाप्त कर स्थायी शांति प्राप्त करने में सहायक होगा!

वहां चल रहे सभी युद्धों को रोकने का एकमात्र तरीका यह है कि छद्म युद्ध में शामिल सभी राष्ट्र एक आम मंच पर एक साथ आएं और युद्ध को समाप्त करने के लिए राष्ट्र राज्यों की एक बैठक आयोजित करें। यह तभी संभव है जब अमेरिका और रूस एक मंच पर आएं और उनके बीच मित्रता स्थापित हो। तब निश्चित रूप से, हमारी दुनिया में सभी युद्धों का अंततः अंत हो जाएगा।

जय माता दी, मानव कल्याण पर मेरी पुस्तक

तो फिर, अमेरिका और रूस के बीच दोस्ती को बढ़ावा देने के प्रयासों में कौन मदद कर सकता है? एक नेता के रूप में अमेरिकी राष्ट्रपति को दुनिया में छद्म युद्ध को समाप्त करने के लिए सदस्य देशों की सभी महत्वपूर्ण बैठक आयोजित करने की सुविधा प्रदान करने और नेतृत्व करने की आवश्यकता है, कौन सक्षम है, कौन इसे सफलतापूर्वक कर सकता है, और जो तर्क को समझ सकता है और जो आज एक विश्व नेता के कद का आनंद उठा रहा है, इस मिशन का नेतृत्व करने के लिए, और इसे पूरी मानवता के लिए पूरा करने के लिए।

अमेरिकी राष्ट्रपति ही वह व्यक्ति हैं, जो न केवल युद्ध को समाप्त करने के लिए, बल्कि दुनिया भर में आतंकवाद को समाप्त करने और परमाणु निरस्त्रीकरण की प्रक्रिया शुरू करने और एक नया अध्याय लिखने के लिए इस प्रयास को सलाह देने और नेतृत्व करने में पूरी तरह सक्षम हैं। हमारे ग्रह पर मानव इतिहास के इतिहास में।

हम सभी के लिए यह दुनिया रहने और आनंद लेने के लिए कितनी सुंदर और अद्भुत जगह होगी!

सचमुच, परमेश्वर को अपने लिए लड़ने के लिए कभी भी मनुष्यों की सेनाओं की आवश्यकता नहीं पड़ी। यदि हम अपनी धरती माता पर आने वाले अनंत काल के लिए इस मूर्खतापूर्ण विचार को त्याग दें तो वह हमें खुशियों का आशीर्वाद देंगे!

अगर दुनिया में सारे झगड़े रुक जाएं तो हमें क्या हासिल होगा? खैर हम अपनी आने वाली पीढ़ियों को एक उज्ज्वल और मधुर भविष्य दे रहे हैं। क्या हम अपने बच्चों के लिए रहने के लिए एक बेहतर जगह बनने के लिए इस दुनिया को छोड़ना नहीं चाहते? हमें दुनिया में स्थायी शांति लाने की जरूरत है, और चूंकि रूस और अमेरिका की दोस्ती भाईचारे में पक्की होने के बाद दुनिया में कोई संघर्ष नहीं बचेगा, हम परमाणु निरस्त्रीकरण हासिल कर सकते हैं, और परमाणु हथियारों के भंडार को नष्ट कर सकते हैं। हमारी पृथ्वी। इसके लिए दोनों महाशक्तियों के साथ मैत्रीपूर्ण संबंध में चीन की भागीदारी भी आवश्यक है! चूंकि चीन में भी ढेर सारा स्टॉक पड़ा हुआ है!

वास्तव में, मानवता और पृथ्वी पर सभी जीवन के लिए ईश्वर की ओर से सबसे बड़ा उपहार हमारी धरती माता है - हमारा घोंसला, जहां हम अपने रूप में जीते और मरते हैं। उसका इरादा था कि हम इसका आनंद लें, न कि आपस में लड़कर इसे नष्ट कर दें। वह चाहते थे कि हम इस धरती माता पर शांति, आनंद और आनंद से रहें।

इसके बजाय हमने क्या किया है? हमने दुनिया को ख़त्म करने के लिए परमाणु हथियार बनाए, हमने पर्यावरणीय क्षति से पृथ्वी को प्रदूषित किया, हम दुनिया भर में कई संघर्षों में एक-दूसरे से लड़कर पीड़ित होते रहे। यह सारा तनाव हमें मुख्य मुद्दों से ध्यान भटका रहा है, भले ही यह हमेशा के लिए हो

जय माता दी, मानव कल्याण पर मेरी पुस्तक

शांति स्थापित हो गई है, हम इस धरती पर पारिस्थितिक संतुलन को वापस बहाल करने, आर्थिक विकास, रोजगार सृजन, हमारी दुनिया में अकाल को दूर करने, पीने के पानी की कमी जैसे मुद्दों पर फिर से ध्यान केंद्रित कर सकते हैं। गरीब देशों में जीवन स्तर को ऊपर उठाना, और समस्त मानवता की सबसे बड़ी आवश्यकता, इस धरती माता पर मानव चेतना का प्रसार और विकास करना, पर ध्यान केंद्रित करना।

हाल के घटनाक्रमों के लिए, हमें फ़िलिस्तीनियों और इज़राइल के गाजा पट्टी में युद्ध पर एक नोट बनाने की ज़रूरत है, जो फ़िलिस्तीनियों पर इज़राइलियों द्वारा किए जा रहे नरसंहार में क्रूरता की सभी सीमाओं को पार करता है, हमें हिटलर और उसके द्वारा अपनाए गए तरीकों की याद दिलाता है। इजराइल द्वारा. फिर सूडान, रोहिंग्या शरणार्थियों में युद्ध और अकाल है, जिसके समाधान की जरूरत है। इनमें से एक प्रमुख है रूस द्वारा यूक्रेन पर साम्राज्यवादी आक्रमण, 2 वर्षों से अधिक समय से चल रहा युद्ध!

मुझे यकीन है कि ये हालिया विवाद निश्चित रूप से जल्द ही खत्म हो जाएंगे, क्योंकि हमें उम्मीद है कि श्रीमती कमला हैरिस संयुक्त राज्य अमेरिका के राष्ट्रपति पद के लिए चुनी जाएंगी, वह वर्तमान में संयुक्त राज्य अमेरिका की उपराष्ट्रपति हैं, आने वाले चुनाव में नवंबर 2024!

वह एक ऐसी नेता हैं जो परवाह करती हैं, मानवता के दर्द और पीड़ा को महसूस कर सकती हैं, और मुद्दों को प्रभावी ढंग से संबोधित करने की इच्छाशक्ति और क्षमता रखती हैं!

निश्चित रूप से ईश्वर को अपने लिए लड़ने के लिए मनुष्यों की सेनाओं की आवश्यकता नहीं है, हम अभी जो कर रहे हैं उसके लिए वह हम पर क्रोधित है!

अध्याय 5

सर्वाशक्तिमान के साथ 24 x 7!

यहाँ अध्याय 5 में संशोधन है: सर्वशक्तिमान 24 x 7 के साथ!:-जीवन भाग 2 का. अमृत:

सर्वशक्तिमान 24 x 7 के साथ! -हम जीवन भाग 2 का अमृत:- -

जब आप जीवन के लिए तकनीकी परिप्रेक्ष्य जानते हैं, तो जीवन का ज्ञान आपके साथ है, आप धीरे -धीरे अगले चरण में चले जाते हैं।

मैं अगले चरण को कॉल करता हूं: सर्वशक्तिमान 24x7 के साथ!

बस भाग 1 को फिर से शुरू करने के लिए। पहले चरण के रूप में आप अपने शरीर को डिटॉक्स करते हैं, डालकर

यह कम से कम 9 महीने से एक वर्ष के लिए आहार पर। आपने कड़वा सब्जियों का एक संयोजन खाया जिसमें कड़वा लौकी + नीम के पत्तियां और अन्य सब्जियां शामिल हैं। यौवन के चरण के आने के बाद, और आप एक स्नातक किशोर हैं!

इसने आपको अपने संकायों और अपने आध्यात्मिक पर नियंत्रण हासिल कर लिया

बुद्धि खिल गई। फिर जैसे ही आपने यह विशेष आहार शुरू किया, आप भी

एक ब्रामाचारी बन गया, और ब्रह्मचर्य थे।

अगला कदम समझाया गया था, आपने योग, प्राणायाम और सीखा

चेतना के धायन के लिए उदाहरण के लिए ईशा फाउंडेशन की, या लिविंग की कला, या किसी भी तरह

इस तरह के प्रतिष्ठित भारतीय संस्थान।

अपने डिटॉक्सिफिकेशन के दौरान, आपने इस विशेष योग का अभ्यास किया, और लीड

एक साल के लिए एक ब्रह्मचारी जीवन।

जैसा कि मैंने आपको समझाया, आप अपने तालू पर नियंत्रण प्राप्त करेंगे, भलाई

आपके पास आएगा, और आपकी चेतना हमारी दुनिया को शामिल करने और इसे अच्छी तरह से समझने के लिए बेहद व्यापक होगी।

तो, एक वर्ष खत्म हो गया है, और आपने डिटॉक्सिफिकेशन के अपने विशेष आहार को समाप्त कर दिया, दैनिक योग जारी रखा और एक ब्रह्मचर्य जीवन का पालन किया।

अब फिनाले आता है: - आप अपनी प्रार्थनाओं को रोजाना शुरू करते हैं, जहां आप झुकते हैं

सर्वशक्तिमान के लिए, यह मुसलमानों के लिए काबा हो सकता है, या माताजी

या बालाजी, गणेश, कृष्ण, शिव, आदि जैसे किसी भी देवता, भगवान

ईसाई के लिए यीशु, बौद्धों के लिए बुद्ध, सिख के लिए वाहगुरु, जैन के लिए तीर्थंकर और इसलिए

पर।

इस शक्तिशाली प्रक्रिया में, जैसा कि आप एक ही अभ्यास करते हैं, अंत में महीनों के लिए, अब {आप नियमित भोजन खाते हैं} लेकिन ब्रह्मचर्य रहें, अपने आध्यात्मिक करें

योग, और हर दिन सर्वशक्तिमान ईश्वर को प्रार्थनाएं प्रदान करते हैं।

एक दिन! आप सर्वशक्तिमान, अदृश्य एक, से जुड़ेंगे

आप!

आप जल्द ही उसके साथ बातचीत करेंगे, और आप उसके मार्गदर्शन को सुनेंगे,

और आप उनके निर्देशों के अनुसार, जीवन के कार्यों को पूरा करेंगे।

अब वह आप में रह रहा है। आप जो खाना खाते हैं, वह भी आनंद लेगा। अगर आप

जीवन में कुछ भी अच्छा चाहते हैं, आप उससे पूछते हैं कि आपको क्या करना चाहिए। वह करेगा

अपने जीवन के हर कदम पर मार्गदर्शन करें।

जब आप उसके निर्देशों का पालन करते हैं

ठीक है, आप जो चाहते हैं, उसे हासिल करेंगे, अगर यह मेरिटिक है।

यह एक सीखने की प्रक्रिया है; आप सर्वशक्तिमान 24x7 के साथ होंगे! जैसा कि आप

अपनी जिंदगी जिएं।

आपको इस प्रक्रिया में एक या दो चीजों को समझने की आवश्यकता है, आपको इसकी आवश्यकता है

हर दिन भगवान से अपनी प्रार्थना करें, उससे जुड़े रहने के लिए।

उसके लिए दूसरा झुकना महत्वपूर्ण है, आप उसे छूकर उसे झुकते हैं

जमीन या फर्श पर माथे, न्यूनतम 7 से 13 बार, जबकि आप

उससे प्रार्थना करो। आप एक घुटने टेकने की स्थिति से, या द्वारा नीचे झुक सकते हैं

खड़े होकर सभी तरह से नीचे जा रहे हैं, अपने माथे को छूते हुए

जब आप उससे प्रार्थना करते हैं, तो 7 से 13 गुना न्यूनतम फर्श। प्यार करना

उसे शब्द, उसकी प्रशंसा में शब्द कहें, उसका आशीर्वाद मांगें, उसके लिए पूछें

क्षमा, हर बार जब आप झुकते हैं, और उससे प्रार्थना करने के लिए वहां रहते हैं।

यह 7 से 13 बार प्रार्थना करने के लिए उसे झुकने के लिए, अपने सिर के साथ जमीन पर फर्श को छूकर, दिन में न्यूनतम 3 बार किया जाना चाहिए। सुबह जल्दी एक बार ऐसा करने के लिए, फिर, दोपहर के भोजन से पहले एक बार, और शाम को रात के खाने से पहले तीसरी बार। लेकिन इसका मतलब यह नहीं है, आप अपने योग, प्राणायाम और धायन को बंद कर देते हैं। यह भी हर दिन किया जाना चाहिए, कम से कम एक बार प्रार्थना के साथ।

अपने योग साधना को सुबह में अपनी प्रार्थना से पहले, और अपनी प्रार्थनाओं को जारी रखें, एक बार जब आप अपने योग साधना को समाप्त करते हैं।

इस तरह से, जैसे -जैसे समय बीतता है, सर्वशक्तिमान के बारे में आपकी धारणा

बढ़ते रहेगा, और आप उससे जुड़े रह पाएंगे,

दिन का हर पल। आप उन सभी से भी जुड़ेंगे जो हैं

इसी तरह आप जो कर रहे हैं वह कर रहे हैं और इसी तरह से संपन्न हैं

सर्वशक्तिमान के साथ यह शानदार कनेक्टिविटी।

आपका स्वास्थ्य सुधार करता रहेगा, आपकी भलाई होगी, एक के साथ

ताकत में लाभ।

आप शादी कर सकते हैं और अपने बच्चों के साथ एक परिवार कर सकते हैं, लेकिन के रूप में

भाग 1 में समझाया गया, यौन गतिविधि का केवल एक उद्देश्य है,

Procreation, एक बार जब आप गर्भ धारण करते हैं, तो आपको अपने ब्रह्मचर्य पर वापस जाने की आवश्यकता होती है

ज़िंदगी। जबकि आप हर दिन भगवान के लिए अपनी प्रार्थनाओं के साथ जारी रखते हैं और करते हैं

आपका योग दैनिक भी।

आप एक खुशहाल विवाहित और सफल जीवन के साथ धन्य होंगे,

सर्वशक्तिमान ईश्वर का आशीर्वाद!

हर अच्छा काम आप करते हैं, भगवान आपको आशीर्वाद देंगे, और उनके आशीर्वाद की बौछार करेंगे

आप पर। आप जीवन में अपने लक्ष्यों का एहसास करेंगे, और ईश्वर के साथ एक होंगे, जब तक

इस स्वर्गीय दुनिया से प्रस्थान करने का समय आता है!

मैं आपको दुआ की अवधारणा से परिचित कराता हूं, जो कि, आप उससे प्रार्थना करने के बाद, आप उसकी दया के लिए पूछते हैं कि आप अपने या अपने परिवार, या किसी को भी कुछ हासिल करने के लिए आशीर्वाद दें। इसमें समय लग सकता है, लेकिन यदि आपकी दुआ योग्य, लाभकारी और मेरिटोस है, तो यह भगवान तक पहुंच जाएगा, और आप उसके द्वारा धन्य हो सकते हैं, और आपकी दुआ सच हो सकती है।

योग, प्राणायाम, धायन, प्रार्थना, ब्रह्मचर्य, और जब जरूरत हो, दुआ हर दिन अनिवार्य है, रहने के लिए

ईश्वर से जुड़ा हुआ है और अपने प्यार की पेशकश करता है और उसका आशीर्वाद प्राप्त करता है और

उससे भी प्यार!

भगवान आप पर कृपा करे!

अध्याय 6

शिक्षा के क्षेत्र में दृष्टिकोण बदलने की जरूरतः इनर इंजीनियरिंग का बाहर के विज्ञान से मेल

आज हमारे बच्चों को जिस प्रकार की शिक्षा दी जा रही है उसमें हम बहुत सारे बच्चों को आत्महत्या करते देख रहे हैं। आज जो हमारी शिक्षा प्रणाली है, उसमें प्रतियोगिता के अलावा परीक्षाओं में मिलने वाली असफलता से पैदा होने वाली स्थिति ऐसी है जिससे बच्चे बाहर नहीं आ पाते। हालांकि कई बच्चे स्कूल की पढ़ाई बीच में ही छोड़ देते हैं, कई गुमराह हो जाते हैं और अपना जीवन बर्बाद कर लेते हैं। मैंने ऐसे बहुत काबिल लोगों को देखा है जो अपनी शिक्षा के बल पर अच्छी नौकरी हासिल कर रहे हैं। मैं ऐसे कई स्नातकों (ग्रैजुएट्स) से मिला हूँ जो टैक्सी चला कर अपना जीवनयापन कर रहे हैं, जिन्होंने कोई व्यवसाय शुरु करने का प्रयास किया और उसमें असफल हुए। वर्तमान में अपने काम को लेकर उदास और हताश हैं। कुछ को तो नशे की लत लग गई और उन्होंने अपना जीवन लगभग बर्बाद कर लिया है। कुछ सामाजिक रूप से पूरी तरह से असफल हैं और हमारे समाज के असामाजिक तत्वों का हिस्सा बन चुके हैं। कुछ को विवाह और संतान होने के बाद शराब की लत लग गई, और वे अपने व्यवहार से अपने परिवार के सदस्यों के जीवन को भी खतरे में डाल रहे हैं।

शिक्षित होने के बाद भी इतने सारे लोग असफल क्यों हैं? और क्यों ऐसे लोग जिन्हें बुनियादी शिक्षा नहीं मिली, जो वंचितों की श्रेणी से हैं, आज हमारे समाज का जाना-माना नाम बन चुके हैं? फिर मैंने ऐसे कई सफल व्यक्तियों की जीवनगाथा सुनी है, जिन्होंने कभी मूलभूत शिक्षा नहीं पाई फिर भी उनका जीवन एवं उनकी उपलब्धियां पूरे देश, समाज और यहां तक कि विश्व के लिए एक प्रेरणा हैं।

कभी- कभी तर्क उल्टा कैसे हो जाता है? बहुत पढ़े-लिखे लोग नाकामयाब हो जाते हैं और जिन्होंने कभी शिक्षा नहीं पाई होती वे हमारे विश्व का गौरव बन जाते हैं? फिर ऐसी शिक्षा का क्या लाभ? माता- पिता यह सुनिश्चित न कर सकें या स्वयं को इतना आश्वस्त न कर सकें कि उनके बच्चे अपने जीवन में सफल ही होंगे, तो शिक्षा पर इतना समय, धन और प्रयास बर्बाद करने का क्या लाभ? कितनी बर्बादी है? आज के समय में, आखिर क्यों, कभी- कभी समाज के संपन्न वर्ग का हिस्सा होना अभिशाप बन जाता है? इंसान सोचने लगता है कि यहां तर्क ने काम क्यों नहीं किया? आज की शिक्षा का यह कौन सा स्वरूप है, जो असफल लोगों का बैच तैयार करता है या आज हमारे स्कूलों और कॉलेजों से लगातार असंतुलित अर्ध- सफल लोगों का बैच क्यों बाहर आ रहा है? निश्चित रूप से, हमारी शिक्षा प्रणाली में कुछ कमी है।

यदि आप इस प्रश्न का उत्तर बेहद सफल और हमारे समाज के सितारे बन चुके अशिक्षितों और वंचितों से पूछेंगें जो कि महान व्यक्ति भी हैं और आज हमारे देश एवं समाज की रीढ़ बन चुके हैं, तो इस प्रश्न का उत्तर ढूंढ़ने मे आपको बहुत परेशानी नहीं होगी। उन लोगों ने जीवन में उन वास्तविकताओं का सामना किया है और सीखा है, जो दुर्भाग्य से, आज स्कूलों और कॉलेजों की शिक्षा से लगभग गायब हो चुका है। उनके जीवन के महत्व के संदर्भ में, इस अनुभव ने, न मिल सकी परंपरागत शिक्षा को अप्रासंगिक बना दिया। वे आपको बताएंगे

कि, स्कूल और कॉलेज न जा पाने का उनको भी बहुत दुख है। उनके अनुभव में सामर्थ्य था इसलिए बहुत सरलता के साथ उन्होंने अपने बूते ज्ञान प्राप्त किया और वे अच्छी तरह से जीवन यापन कर रहे हैं। इसी बात ने उनके लिए परंपरागत शिक्षा को बेमानी बना दिया।

हम अपने विश्व में उत्पादन, निर्माण और सृजन के बारे में जो जानकारी रखते हैं, परंपरागत शिक्षा उसी के बारे में होती है यानि चिकित्सा विज्ञान समेत हमारे मस्तिष्क और मन की बुद्धिमत्ता का प्रयोग कर सीखी जाने वाली विद्या। हमारा मस्तिष्क, हमारी सुविधा के अनुसार, हमारे शरीर और मन समेत हमारे शरीर के बाहर घट रही घटनाओं को समझने और गणना करने वाले साधन के जैसे काम करता है। ये विज्ञान बाहरी प्रकृति के होते हैं; ये हमारी बुद्धि को उलझाए रखते हैं, चाहे वह हमारे शरीर में हो या जिसे हम हमारे शरीर के बाहर की भौतिक दुनिया में देख रहे हों या जो हमारे मस्तिष्क को मनोवैज्ञानिक या भावनात्मक रूप से व्यस्त रखता हो। मैं इन सभी को हमारी बाहरी दुनिया का हिस्सा बताना चाहता हूँ।

हमारा अधिकार तो हमारे शरीर और मन पर भी नहीं होता। यदि हम अपनी आँखें बंद कर लें और मन में बिना किसी विचार को रखे बैठ जाएं, हमारे पास क्या रह जाएगा? कुछ नहीं! आँखें मूंद लेने पर, बाहर का माहौल भी किसी मतलब का नहीं रह जाता। लेकिन हम अभी भी जीवित और जागरूक हैं, क्या हम नहीं हैं? जो इस अवस्था में भी सचेत और जीवित है, वास्तव में हम बस वही हैं। हम वह नहीं है जो स्वयं अभी जीवित और सचेत है। जब हम जन्म लेते हैं, हम अपने साथ कुछ नहीं ले कर आते और हम जानते हैं कि हम सभी नश्वर हैं; जब हमारी मृत्यु होगी, तब हमने जीवन भर जो अर्जित किया है, उसमें से कुछ भी अपने साथ नहीं ले जाएंगे, अपना शरीर और मन भी नहीं। हम अपने मन और विचार, पीछे छोड़ जाएंगे। हमारा एक नाम था, हम उस नाम को भी पीछे छोड़ जाएंगे। जब हम मृत्यु को प्राप्त होते हैं तब हमारी पहचान बन चुका अपना नाम भी

हम छोड़ जाएंगे। जब हमने अपनी माँ के गर्भ में जन्म लिया था। तब से, हमने अस्थायी अवधि के लिए इस पृथ्वी पर जमापूंजी जुटाई थी और जब हम मृत्यु को प्राप्त होंगे, अपने शरीर, मन और नाम के साथ इस पृथ्वी से जमा की गई हर एक वस्तु को अपने पीछे छोड़ जाएंगे। इसलिए, न तो हम कुछ ले कर आए थे और न ही कुछ ले कर जाएंगे। लेकिन हम जीवित थे, लेकिन हमने अपना जीवन जीया और दुनिया में में सुख या दुख पाया। इसलिए निश्चित है कि, हम न तो शरीर हैं न ही मन, तो फिर हम क्या हैं? निश्चित रूप से हम शरीर और मन से भी ऊँचे हैं। सामान्य रूप से हम इसे हमारी आत्मा कह कर बुलाते हैं लेकिन यह महान है, या उसका हिस्सा है, जिसने इस विश्व की रचना की। यह शरीर और यह मन, जीवित था क्योंकि उसने ऐसा किया था।

चूंकि, विज्ञान हमें हमारे बारे में, हमारी शून्यता/ अस्तित्वहीनता के बारे में बताता है और इससे हमारा परिचय कराता है और हमारी धारणा में इसे लाता है, इस शून्यता/ अस्तित्वहीनता का अनुभव कराता है, जो हम अनिवार्य रूप से हैं, वह हमारे अंतर्मन (इनर- सेल्फ) का ज्ञान है। यह अंतर्मन ही है जिसमें कुछ समय के लिए पृथ्वी के एक हिस्से को संचित करने की बुद्धिमत्ता थी। इसने हमारी धरती पर अपना अस्तित्व बनाए रखने एवं जीवित रहने हेतु उपकरण के रूप में हमारे शरीर और हमारे मन की रचना की।

इसलिए, शरीर और मन बहुत अक्लमंदी के साथ बनाए गए थे, जो शरीर और मन से परे है, जिसका उपयोग आगे चल कर हमारी बाहरी दुनिया और हम जो हमारे शरीर और मन के बाहर और अपने आस-पास की भौतिक दुनिया में हो रहे व्यवहार को देखते हैं, को जानने के साधन के रूप में किया गया। इसलिए, हमारे लिए क्या महत्वपूर्ण है- हमारा शरीर, हमारा मन या हमारे शारीरिक एवं मानसिक सुखों के लिए बनाया गया यह बाहरी विश्व या हमारे लिए हमारा अंतर्मन महत्वपूर्ण है जो विश्व का अनुभव कराता है, शून्यता

से प्राप्त होता है और जब हम हमारे शरीर और मन का त्याग कर देते हैं यानि हमारी मृत्यु के बाद शून्य में ही विलीन हो जाता है? यह चेतना है जो हमारे भीतर सब कुछ कर रही है, किन्तु किसी-न-किसी रूप में, आमतौर पर हम जिस प्रकार रहते हैं, यदि हम प्रयास नहीं करेंगें तो हमें हमारे अंतर्मन का बोध कभी नहीं होगा, हम अर्ध चेतना में रहेंगे, सिर्फ महसूस करेंगे कि हम जीवित हैं लेकिन कभी इस सत्य को स्वीकार नहीं कर पाएंगे या हमारे अस्तित्व की वास्तविक प्रकृति को समझ नहीं पाएंगे और अपने संपूर्ण जीवन में हमारे आंतरिक-स्व का अनुभव नहीं कर पाएंगे। हम अर्धचेतना में जीएंगे, असंतुलित स्थिति में और दुखों से भरे और हमारे जीवन में दुर्घटनावश बार-बार मिले आनंद के पलों का आनंद लेते हुए अपनी नैसर्गिक मृत्यु को प्राप्त हो जाएंगे।

अंतर्मन को जानने एवं अपने वास्तविक स्वरूप को पहचानने का अलग ही तरीका होता है। इस अंतर्मन को जानने के तरीके को चेतना का योग और ध्यान कहते हैं। आप इसे मोक्ष कह सकते हैं! पुराने जमाने में मोक्ष प्राप्त करना आसान नहीं था लेकिन हमारे आज के आधुनिक विश्व में, मोक्ष और प्राप्त करने का विज्ञान, प्रत्येक मनुष्य का जन्म सिद्ध अधिकार है। ऐसा होना भी चाहिए। योग और ध्यान विज्ञान है, जिसके माध्यम से हम सर्वोत्तम, हमारी आत्मा और परमात्मा (ईश्वर/ प्रभु) का अनुभव करते हैं और हमारे जीवन के सत्य एवं हमारे अस्तित्व के वास्तविक स्वरूप के बारे में जानते हैं। यह विज्ञान प्राथमिक विज्ञान है और जिसे हम अपने आस-पास की बाहरी दुनिया में बनाते हैं, वह वास्तव में हमारे द्वारा (हम हमारे अंतर्मन हैं) हमारे मन और शरीर के साधन के रूप में प्रयोग कर बनाया जाता है, जिसे हम अपने जीवन को सुविधाजनक बनाने एवं जीवन में संपन्नता लाने के हमारे शरीर और मन के आस-पास बाहर देखते हैं। हमारा संपूर्ण बाहरी जीवन हमारे जीवन को बनाए रखने एवं जिस धरती पर हमने जन्म लिया, उसका आनंद उठाने के लिए है।

हमारी आधुनिक शिक्षा प्रणाली में, हमारे प्रमुख ज्ञान, हमारे अंतर्मन का ज्ञान दिए बिना, जिसके बारे में आज हमारे किसी भी स्कूल और कॉलेज में नहीं सिखाया जाता, मात्र साधनों, हमारे शरीर और हमारे मन एवं हमारी बाहरी दुनिया के व्यवहार के बारे में बताया जाता है। हम में से वैसे लोग जो सौभाग्य से अंतर्मन के ज्ञान का अनुभव कर चुके हैं और जिन्होंने इसे महसूस किया और समझा है, जो चेतना के विज्ञान को समझते हैं और अपने जीवन में उसका पालन करते हैं, वे ही सफल व्यक्ति हैं और पूरे विश्व को आश्चर्य में डाले हुए हैं। इनमें से कई तो बहुत गरीब हैं, जिन्हें स्कूलों या कॉलेजों में मिलने वाली शिक्षा कभी नहीं मिली है, लेकिन अंतर्मन के प्रमुख ज्ञान के माध्यम से प्राप्त की हुई चेतना से वे अपने जीवन में बहुत सफल और खुशहाल हैं। ऐसे लोगों के लिए, स्कूलों और कॉलेजों में पढ़ाए जाने वाले पाठ सीखना मायने नहीं रखता, वे इस ज्ञान को अर्जित कर सकते हैं, मात्र अपने पर्यवेक्षण या स्व-अध्ययन द्वारा, यह हमारे बच्चों द्वारा, जो हमारे अस्तित्व के सत्य को नहीं जानते और अपने जीवन में सिर्फ अर्ध-चेतना में रहते हैं, स्कूलों और कॉलेजों में मिलने वाली शिक्षा को प्राप्त करने में लगने वाले समय की तुलना में बहुत तेजी से पूरा होने वाली प्रक्रिया है।

स्कूलों और कॉलेजों में पढ़ने वाले बहुत से बच्चे अंतर्मन का अनुभव करने में सफल हो सकते हैं और उन्हें अंतर्मन की अच्छी जानकारी हो सकती है। इसलिए, वे अपने जीवन के बारे में पूरी तरह से सचेत और जागरूक हो सकते हैं और हमारे समाज में भौतिक संपदा के मामले में अपेक्षाकृत साधारण परिवार से होने के बावजूद, मिसाल बन चुके लोगों के जैसे ही अपने जीवन में भी बहुत अधिक सफलता प्राप्त कर सकते हैं। लेकिन सामान्य रूप से, जीवन में भौतिक सुविधाहीन लेकिन प्रमुख ज्ञान एवं जीवन के अनुभव के साथ अपने जीवन की शुरुआत करने वाले बच्चों के मुकाबले ऐसे बच्चे अपने जीवन में थोड़ी देर से चेतना के विज्ञान को समझ पाते हैं। सुविधाहीन बच्चे अपने जीवन में बड़ी उपलब्धियां हासिल करते हैं।

तो, आज हम विश्व के लिए क्या कर रहे हैं, कई लोग अपने जीवन में, चेतना में न होने और जीवन के मुख्य सत्य का अनुभव न होने के कारण असफलताओं से जूझ रहे हैं? और सहायक ज्ञान में खो गए हैं? निश्चित रूप से, हमें विश्व में शत प्रतिशत सफल होने के लिए अनिवार्य शिक्षा के दोनों प्रकारों को मिलाना होगा। हमें दोनों प्रकार की शिक्षा देने की आवश्यकता है, स्कूली शिक्षा प्राप्त कर रहे बच्चों को स्थिर प्रकृति (हमारे अस्तित्व में समय के साथ वैसा ही बना रहता है) वाले उनके अंतर्मन की अनुभूति कराना एवं समझाना अनिवार्य है, लेकिन सही उम्र पर, जब उनका शरीर और मन ऐसी शिक्षा और अनुभव को प्राप्त करने के लिए तैयार हो लेकिन उन्हें जीवन की सहायक शिक्षा, जो विकासशील प्रकृति की है और हमारे अस्तित्व में समय के साथ बदलती जाती है, हमारे आसपास की बाहरी दुनिया का ज्ञान, हमारे जीवन में उसका किस प्रकार कुशल संचालन करें, आनंद लें और विभिन्न उद्देश्यों के लिए उपयोग में लाएं, अपने जीवन को समृद्ध बनाएं, के बारे में भी सिखाना है।

हम इस तथ्य को नज़रअंदाज़ नहीं कर सकते कि दलित बच्चों की आबादी में, कई बच्चे दोगुने दुर्भाग्यशाली होते हैं। इन्हें न तो कभी अपने अंतर्मन के प्रमुख ज्ञान का ही बोध हो पाता है और न ही वे बाहरी दुनिया की सहायक शिक्षा प्राप्त कर पाते हैं। इसलिए, प्रमुख और सहायक, दोनों ही प्रकार की शिक्षा सभी बच्चों के लिए अनिवार्य की जानी चाहिए, चाहे वे किसी भी पृष्ठभूमि के हों और हमारे समाज में कोई भी दर्जा रखते हों। सरकार को प्रमुख विज्ञान और बाहरी स्वभाव वाले सहायक विज्ञान वाली मिली-जुली शिक्षा की व्यवस्था करनी चाहिए और सभी के लिए शिक्षा को मुफ्त, निष्पक्ष एवं अनिवार्य बना देना चाहिए। जैसे ही हम प्रमुख अंतर्मन के विज्ञान को बाह्य व्यवहार के सहायक विज्ञान के साथ मिलाएंगे, वैसे ही हम कुछ समय बाद ही युवा होने वाले अपने बच्चों के जीवन में जिन विफलताओं और पतन को देख रहे होंगे, वे समाप्त हो जाएंगी। स्कूल जाने वाला हर एक बच्चा अपने जीवन में लगभग शत प्रतिशत (100%) सफल

होगा। सामान्य रूप से कोई भी आत्महत्या नहीं करेगा, कोई भी असफल नहीं होगा। हमारे जीवन में तकनीक और शिक्षा का समन्वय आधुनिक युग की मांग है।

फिर हमारे विश्व को तेजी से विकास करने हेतु सभी के लिए सफलता और आनंद की एक बड़ी खुराक मिल जाएगी। इसे हमारे बच्चों की शिक्षा का नया मंत्र होना चाहिए।

तो, आज बच्चों को जागरूक बनाने और जीवन के सत्य का अनुभव कराने के लिए उन्हें क्या सिखाए जाने की आवश्यकता है, जो न सिर्फ उन्हें सफल बनाएगा बल्कि अपने जीवन की जिम्मेदारियों का भी एहसास कराएगा और आस-पास की दुनिया के प्रति जिम्मेदार बनाएगा।

इसका उत्तर लगभग वैसा ही है, जैसा मैंने अपने पहले के अध्याय में विस्तार से बताया है, जब वे यौवन अवस्था की उम्र पार कर जाएं तब उन्हें अपनी रसना पर नियंत्रण करना और ब्रह्मचर्य का पालन करना सिखाएं, और दूसरी बात, उन्हें अंतर्मन के विज्ञान को समझाएं या इसके लिए सही प्रकार के योग का अभ्यास करवाएं ताकि उन्हें सच्चे स्वाभाविक स्वरूप में, उस परमपिता परमेश्वर का ज्ञान और अनुभव हो सके।

उन्हें सत्य का बोध कराएं, यह उनके जीवन के लिए महत्वपूर्ण है- ईश्वर ने उचित प्रयोग और उद्देश्य, वंश वृद्धि हेतु यौन अंगों को बनाया था। उन्हें जीवन में किस प्रकार की असफलता का सामना करना पड़ सकता है, इसके बारे में बताएं। जीवन में इंद्रीय सुख के लिए यौन अंगों का दुरुपयोग करने और जानकारी के अभाव एवं अपने जीवन को स्थिर बनाने के लिए अनिवार्य कार्यों का पालन न करने के कारण वे अपना जीवन बर्बाद कर लेते हैं।

कम उम्र में इस प्रकार के स्कूल आदर्श हैं, बच्चों को सच का पता चलता है और उन्हें अपने जीवन में सही शुरुआत मिलती है। प्रमुख

ज्ञान, योग एवं ध्यान का विज्ञान, उन्हें पूर्ण रूप से सचेत, स्वस्थ और समाज एवं विश्व, व्यापक रूप से कहें तो मनुष्य होने के नाते उनकी जिम्मेदारियों को समझने में सक्षम बनाएगा। और इस कच्ची उम्र में ही, वे बाहरी व्यवहार के रूप में बाहरी विज्ञान भी प्राप्त कर लेंगे। यानि, निश्चित रूप से वे अपने लाभ के लिए धरती माँ के संसाधनों के सर्वोत्तम प्रयोग हेतु बाहर की स्थिति का वैज्ञानिक प्रयोग करने और जिम्मेदारी के साथ जीवन को अधिक साधन सम्पन्न बनाने के लिए आज पढ़ाए जाने वाली परंपरागत शिक्षा को अच्छी तरह ग्रहण कर पाएंगे। जब वे कॉलेज से पढ़ कर निकलेंगे तब विश्व का सामना करने के लिए पूरी तरह से तैयार होंगे, क्योंकि वे औपचारिक माहौल में न सिर्फ अपने देश बल्कि विश्व के एक जिम्मेदार नागरिक के रूप में प्रवेश करेंगें जिसमें उनके लिए या उनके माता- पिता के लिए या हमारे समाज में जीवन में असफल होने का कोई भय या संभावना नहीं होगी।

प्राचीन भारत में अंतर्मन के विज्ञान पर पूरा ध्यान दिया जाता था, हालांकि गलती से, बाहरी विज्ञान के पोषण एवं विकास को नज़रअंदाज किया गया इसलिए उन सभ्यताओं में, जिनमें बाहरी विज्ञान को बहुत अधिक महत्व दिया गया, यानि बाहरी विश्व के साथ जोड़-तोड़ करना, उन्होंने हमारे भारत पर आक्रमण किया और हम पर शासन किया एवं हमारा शोषण किया, मुख्य रूप से अंग्रेजों ने, 250 वर्षों से भी अधिक समय तक।

यह स्पष्ट है कि, अस्तित्व के लिए बाहर के माहौल की समझ भी बहुत महत्वपूर्ण है। हमारे पूर्वजों ने आशंका की वजह से इसे अनदेखा किया था। अब आधुनिक विश्व में, हम अंतर्मन के विज्ञान की अनदेखी कर रहे हैं, जिसके कहीं अधिक गंभीर परिणाम हो सकते हैं। पूरी शिक्षा प्रणाली और यहां तक कि समाज स्वयं असफल हो सकता है। पर्यावरण की स्थिति में गिरावट के अलावा, जो फिर से किया जा रहा है, उसी दुर्भावना के साथ जो आज हमारे समाज को प्रभावित कर रही है, और परिणामस्वरूप, अनिश्चित और गैर-जिम्मेदाराना तरीके से

पर्यावरण का दोहन किया जा रहा है, इससे हमारी पृथ्वी को नुकसान हो रहा है, नुकसान इस सीमा तक पहुँच गया है कि हमारी स्वयं की मानव प्रजातियां हमारे द्वारा हमारी पृथ्वी की पारिस्थितिकी तंत्र को पहुँचाए गए नुकसान से गंभीर खतरे का सामना कर रही हैं। और अंतर्मन के ज्ञान के बिना बाहरी विज्ञान के पदचिन्हों पर चल रही हैं।

तो अब समय आ गया है जब शिक्षित व्यक्तियों को, जिन्हें सत्य का पूर्ण ज्ञान है, जो सफलतापूर्वक अपना जीवन जी रहे हैं लेकिन जिम्मेदारी के साथ पर्यावरण का प्रयोग करते हैं और हमारे ग्रह के पारिस्थितिकीय संतुलन को बनाए रखने में मदद कर रहे हैं, जिम्मेदारी सौंपने के लिए बाहरी और आंतरिक, दोनों ही विज्ञान को मिला दिया जाए।

बाहरी विज्ञानों पर कम ध्यान देने के कारण भारत का शोषण किया गया और इसे गुलाम बना लिया गया। आज, हम अतीत के प्राचीन विज्ञानों को लगभग पूरी तरह से भूल चुके हैं और बहुत हद तक, पश्चिमी जीवनशैली के दास हो चुके हैं, जो अंतर्मन के विज्ञान को पूरी तरह से नहीं समझता। अब पूरे विश्व में शिक्षा के क्षेत्र में सिर्फ बाहरी विज्ञानों पर ही ध्यान दिया रहा है, जो न सिर्फ लोगों को बल्कि समाज को भी बर्बाद कर रहा है। साथ ही इस प्रक्रिया में हमारी धरती के संसाधनों के लगातार दोहन एवं दुरुपयोग से अपूरणीय क्षति भी हो रही है। दुखद है लेकिन आज हमारे समाज की यही सच्चाई है, मनुष्य होने के नाते लोगों को जिन जिम्मेदारियों की समझना चाहिए, वे उस भावना के बिना ही औपचारिक समाज में परंपरा के अनुसार शामिल होते जा रहे हैं।

इसलिए, कई लोग असफल हो रहे हैं, समाज को और देश को एक ही दिशा में ले जा रहे हैं। इससे दुनिया में अराजकता बढ़ रही है और आज, इस प्रकार की प्रणाली का पालन किए जाने के कारण ही विश्व का विनाश हो रहा है।

मैं हमारे देश भारत के बारे में विशेष टिप्पणी करना चाहूंगा। हमारी स्कूलों में एक जैसे ही किताबें पढ़ाई जाती हैं, ये पश्चिमी देशों के जैसी ही हैं या पश्चिमी देशों द्वारा अपनाई जा रही परंपरागत शिक्षा की नकल करती हैं। क्या हम यह नहीं जानते कि, भारत महान पुरुषों, नेताओं और ऋषि-मुनियों का देश रहा है। इस मामले में दुनिया का कोई भी देश हमारी बराबरी नहीं कर सकता? भारत आध्यात्मिकता एवं प्राचीन ज्ञान एवं चेतना विज्ञान का केंद्र है।

हम सभी भाषाओं की मातृभाषा, हमारे राष्ट्र की गौरव- संस्कृत को पढ़ने- पढ़ाने पर भी ध्यान नहीं देते, हम सभी हजारों वर्ष पूर्व लिखे गए प्राचीन ग्रंथों को, उसके मूल रूप में पढ़ और समझ सकते हैं, जिसमें हर एक बात बहुत स्पष्टता के साथ समझाई गई है। ये ग्रंथ अंतर्मन के विज्ञान को समझाते हैं, ये हमारे प्राचीन एवं पवित्र साधु-संतों द्वारा रचित हमारी प्राचीन संस्कृति का प्राचीन ज्ञान भी हैं। अतीत से इस भाषा का अलगाव ही बढ़ते भटकाव का कारण है। आज हम जो अराजकता देख रहे हैं वह हमारे समाज एवं हमारे देश में पश्चिमी संस्कृति के प्रभाव के कारण खतरनाक रूप से आगे बढ़ रहा है।

यदि संस्कृत को हम हमारे स्कूलों में अनिवार्य भाषा बना दें तो यह समस्या बहुत जल्द समाप्त हो जाएगी! हमारे स्कूलों में रामायण, महाभारत, वेद, उपनिषद्, पुराण, पतंजलि योग सूत्र, अगम शास्त्र, कलारी की हमारी प्राचीन युद्ध कला, हमारा संपूर्ण लोक-साहित्य, हमारे भारत की समृद्ध संस्कृति एवं विरासत के बारे में क्यों नहीं पढ़ाया जाता? इसे पढ़ाया जाना चाहिए।

इसमें कोई दो राय नहीं है कि हमारी शिक्षा प्रणाली के भविष्य और आज हमारे समाज में नाजुक स्थिति में पहुँच चुकी हमारी समस्याओं के समाधान के लिए अंतर्मन को समझने और अनुभव करने के लिए दोनों ही प्रकार के विज्ञान के बारे में पढ़ाया जाना चाहिए; हमारे अस्तित्व की वास्तविक प्रकृति और बाहरी इंजीनियरिंग

के विज्ञान के बारे में सचेत और प्रबुद्ध बनाने के लिए भी शिक्षित किया जाना चाहिए, हमारे द्वारा सिखाए जाने वाले परंपरागत शिक्षा में यह पहले से ही मौजूद है। दोनों को मिलाए जाने और इस बारे में शिक्षित किए जाने से ही हमारे समाज और विश्व की सफलता जुड़ी है! ईश्वर आपको आशीर्वाद दें।

अध्याय 7

भारत के सबसे बदनसीब गरीबों के दुख को समाप्त करना

माननीय प्रधानमंत्री जी,

नमस्ते!

मैं, हमारे भारत के सबसे दुखी नागरिकों की तरफ आपका ध्यान आकर्षित करना चाहता हूँ। उनके जीवन के दुख असहनीय हैं। यदि हम स्वयं को उनके स्थान पर रख कर देखें तब हमें उनके दुखों और तकलीफों का एहसास होगा। बिल्कुल ठीक, आपने सही अनुमान लगाया है। मैं, हमारे बीच बेहद गरीबी में जीवन जी रहे नागरिकों यानि भारत के भिखारियों की बात कर रहा हूँ।

सीधे अपने विषय पर बात करते हुए, भारत का जिम्मेदार नागरिक होने के नाते मैं सरकार के कुछ फैसलों को दुहराना चाहूंगा- मुंबई और अहमदाबाद शहर के बीच बुलेट ट्रेन चलाने के लिए आपने देश के बजट में से कुल दस (10) अरब डॉलर दे दिए। आपने भारत सरकार की ओर से ऐसी ही लाखों- करोड़ों रुपयों की कई अन्य परियोजनाओं और योजनाओं की भी घोषणा कर रखी है।

क्या आपको कर दाताओं के इन पैसों को ऐसी परियोजनाओं में लगाए जाने की घोषणा करने से पहले भारत में जीवन के लिए सबसे अधिक संघर्ष कर रहे गरीबों के बारे में विचार नहीं करना चाहिए था?

यहां लोगों का जीवन संकट में है- इन पर पहले ध्यान दिया जाना चाहिए, क्या हमारी तुलना में ये भारत के कमतर नागरिक हैं?

यदि वे स्वयं अपनी मदद करने की स्थिति में न हों तो क्या उन्हें दुख झेलने के लिए ऐसे ही छोड़ देना चाहिए? आपको शहरों में वे अधिक दिखाई देते हैं, वे आपके दरवाजे पर भीख मांगने आते हैं, आप उन्हें दर्द से तड़पते हुए देखेंगे और रो- रो कर मदद मांगते सुनेंगे। फिर भी शायद ही उन्हें कोई मदद मिलती है।

भारत के पास आज किसी भी चीज़ की कमी नहीं है, वह आत्म-निर्भर है, यह विश्व के दूसरे देशों जैसे ही अपनी मदद कर सकता है। इसलिए, भारत के लिए, आपके लिए, सबसे पहला काम भारत के इन अभागे नगारिकों को बचाना है। मैं आपका ध्यान उन देशों की तरफ दिलाना चाहता हूँ जहां के नागरिकों को इस तरह का दुख नहीं नहीं उठाना पड़ता- यू.के., सउदी अरब, जापान, सिंगापुर आदि इन देशों की सरकारें अपने नागरिकों को हताश और निराश नहीं छोड़ती।

माननीय प्रधानमंत्री जी, भारत के ऐसे गरीब नागरिकों का उचित ध्यान रखना आपकी और आपकी सरकार का कर्तव्य है। हम अकेले नागरिक, अपने सीमित संसाधनों के साथ सिर्फ कुछ लोगों की ही मदद कर सकते हैं, और वह भी लगातार नहीं कर पाएंगे।

ऐसे गरीबों में बच्चे, महिलाएं और विकलांग एवं बूढ़े नागरिक भी हैं। मेरा सुझाव है कि आप उनका ध्यान रखना शुरु करें, बच्चों को घरों में रखने की व्यवस्था हो, उन्हें शिक्षा एवं अन्य सुविधाएं मुहैया कराई जाएं। दूसरे कामों के अलावा आपको काम करने लायक नागरिकों की पहचान भी करने की जरूरत है। हम उन्हें आजीविका के लिए कौशल प्रशिक्षण देंगे। हम महिलाओं को भी प्रशिक्षित करेंगें। अति विकलांग और बहुत अधिक बूढ़े नगारिकों का विशेष देखभाल आवासों में रखने की व्यवस्था की जाए। उन्हें सरकार की तरफ से चप्पलें, कपड़े, भोजन, पानी, किसी भी प्रकार की बीमारी के उपचार के लिए दवाएं आदि उपलब्ध कराई जाएं।

क्या आपको अभी उनकी वर्तमान स्थिति के बारे में पता है? वे कचरे में फेंका दिया गया खाना खाते हैं और गंदा पानी पीते हैं, उनकी देखभाल करने वाला कोई नहीं। कोई प्रेम नहीं, कोई देखभाल नहीं, परिवार नहीं। वे नंगे पांव चलते हैं, सड़कों पर बहुत कम कपड़ों या बिना कपड़ों के घूमते रहते हैं। बारिश हो, गर्मी हो या सर्दी, वे मौसम की मार झेलते हैं, कीड़े- मकोड़ों और जंगली जानवरों का मुकाबला करते हैं। सच कहूँ तो जब वे इनका शिकार बन जाते हैं, तब उनका शव सड़कों पर तब तक पड़ा रहता है जब तक नगरपालिका के कर्मचारी उन्हें उठाने और डंप यार्ड में फेंकने के लिए न आ जाएं, उनका सम्मानजनक अंतिम संस्कार भी नहीं किया जाता।

हम कैसे ऐसा होते रहने दे सकते हैं? भारत हमारी पवित्र भूमि है, यह हमारी जन्मभूमि है, जहां कभी राजा राम ने इस भूमि की शोभा बढ़ाई थी। क्या यही है हमारा राम राज्य? इस पवित्र भूमि पर अनगिनत संतों और महापुरुषों का जन्म हुआ, उन्होंने अपनी जीवन यहां गुजारा, क्या हमारी भारत माता ऐसी स्थिति के लायक है, क्या भारत के नागरिक ऐसा जीवन जीने के लायक हैं? हमारे बीच रहने वाले इन दुर्भाग्यशाली नागरिकों की देखभाल के लिए बिना देर किए और युद्धस्तर पर सरकारी खजाने से पर्याप्त धन आवंटित कर इस विषय पर हमें तेजी से और पूरी संवेदनशीलता के साथ काम करना होगा।

इस संबंध में, मैं आपका ध्यान नीति आयोग के आंकड़ों पर दिलाना चाहता हूँ। तेंदुकलर समिति पद्धति (2016), जिन्होंने हमारे गरीब नागरिकों पर एक अध्ययन किया थाः करीब 27 करोड़ लोग ऐसे हैं जो गरीबी रेखा से नीचे (बीपीएल) गुजर-बसर कर रहे हैं, इनमें से 6 करोड़ लोग शहरों में रहते हैं और 21 करोड़ गांवों में। उनका प्रति व्यक्ति मासिक खर्च 1,000 रुपयों से भी कम है, सच कहें तो वे एक महीने में भीख मांग कर इतना ही पैसा जमा कर सकेंगे।

इसलिए, माननीय प्रधानमंत्री जी, मेरा आपसे विनम्र अनुरोध है कि आप इन गरीबों की रक्षा करें और भारत माता का आशीर्वाद प्राप्त करें।

भारत माता की जय। जय श्री राम। भगवान भारत के गरीबों पर अपनी कृपा दृष्टि बनाए रखें।

प्रणाम!

अध्याय 8

हमारे सरकारी स्कूलों की स्थिति

समस्या क्षेत्र 1: हमारे सरकारी स्कूलों की स्थितिः यह बात किसी से नहीं छिपी कि वर्तमान में सरकारी स्कूलों और कॉलेजों की स्थिति कितनी निराशाजनक है और भारत के निम्न एवं मध्यम- वर्ग के नागरिक अपने बच्चों को पढ़ाने के लिए विश्वसनीय विकल्प के रूप में सरकारी स्कूलों और कॉलेजों को नहीं चुनते। ये तो अपने बच्चों की शिक्षा का खर्च नहीं उठा सकने वाले गरीब परिवार के लोग हैं जो सरकारी स्कूलों में अपने बच्चों का दाखिला करवाते हैं। ज्यादातर लोगों के लिए, प्राइवेट स्कूल ही उनके बच्चों के लिए एकमात्र विश्वसनीय विकल्प है। इसके अलावा, हमारे देश में स्कूलों में मूलभूत सुविधाओं से संबंधित मुख्य आंकड़े हमारे देश में शिक्षा के लिए विश्वसनीय बुनियादी ढांचे एवं संसाधनों की उपलब्धता पर सवाल उठाते हैं। सच में स्थिति बहुत बुरी है।

नीति आयोग की सरकारी वेबसाइट से हमारे देश में स्कूलों के बुनियादी ढांचे और मूलभूत सुविधाओं पर उपलब्ध आंकड़ें नीचे दिए जा रहे हैं। इन आंकड़ों ध्यान देने योग्य कुछ विशेष बातें हैं जैसे- भारत के सभी प्राथमिक स्कूलों में से 75% स्कूल सरकारी हैं और मात्र 25% स्कूल ही प्राइवेट सेक्टर के हैं। दूसरी, हमारे देश के इन सरकारी स्कूलों में से 85% स्कूल ग्रामीण इलाकों में हैं मात्र 15% सरकारी स्कूल शहरों में है। इसके अलावा 70% सरकारी माध्यमिक स्कूल गांवों में है और मात्र 30% माध्यमिक स्कूल शहरों में।

आंकड़े इस प्रकार हैं-

शिक्षा- संबंधीः

1. प्राथमिक शिक्षा से संबंधितः

   वर्ष 2015-16 में किए गए अपडेट के अनुसार भारत में स्कूलों की कुल संख्याः 14,05,027

   इनमें से 10,43,151 स्कूल सरकारी है जो कुल स्कूलों का 74.2% हैं। इनमें से, 85.1% स्कूल, ग्रामीण सरकारी स्कूल हैं, प्राइवेट स्कूलों की संख्या 3,24,263 है जो कुल स्कूल का 23.1% है और बाकी बचे ग्रामीण प्राइवेट स्कूल हैं।

   शेष मदरसा या गैर-मान्यताप्राप्त 2.7% हैं।

2. माध्यमिक शिक्षा से संबंधितः

   कुल 2,52,176, स्कूल हैं

   इनमें गांवों में 1,75,176 और शहर में 77,024 स्कूल हैं।

आपको यह जानकर आश्चर्य नहीं होना चाहिए कि हमारे देश के किसी भी हिस्से में सरकारी स्कूलों के शिक्षकों का वेतन और कुल भत्ता देश के किसी भी हिस्से के चोटी के और सबसे अच्छे प्राइवेट स्कूल के शिक्षकों को मिलने वाले वेतन और कुल भत्ते से बहुत अधिक होता है। फिर भी, कम वेतनमान के बावजूद अच्छे शिक्षक प्राइवेट स्कूल की नौकरी करना पसंद करते हैं। लेकिन यदि सरकारी स्कूलों का वेतन इतना ही अधिक है तो सबसे अच्छे शिक्षक प्राइवेट स्कूलों में क्यों जाना पसंद करते हैं और आसान विकल्प के बावजूद सरकारी स्कूलों से क्यों किनारा कर लेते हैं?

यह आंकडे और तथ्य हमारे शिक्षा प्रणाली की मूल समस्या है। ज्यादातर सरकारी स्कूलों में शिक्षा से जुड़ी बुनियादी मूलभूत सुविधाओं का अभाव है। कई सरकारी स्कूल हैं जिनमें पढ़ाने के लिए कमरे

ही नहीं हैं। स्कूलों में बालक और बालिकाओं एवं शिक्षकों के लिए शौचालय की उचित व्यवस्था नहीं है।

स्कूल ट्रांसपोर्ट, कंप्यूटर प्रोयगशालाएं, विज्ञान प्रयोगशालाएं, खेल एवं योग आदि एवं ड्रॉइंग, पेंटिंग, संगीत सिखाने की सुविधा, स्कूल का पुस्तकालय, गायन एवं नृत्य, युद्ध कला (मार्शल आर्ट्स) जैसी पाठ्येत्तर गतिविधियों के लिए सुविधाएं या तो अपर्याप्त हैं, या हैं ही नहीं। इसके अलावा, स्कूल परिसर की स्वच्छता एवं साफ- सफाई संबंधी उचित सुविधाओं का भी अभाव है। जब हम एक सरकारी स्कूल में जाते हैं, तब हमें ऐसा महसूस होता है कि हमारे बच्चे यहाँ नहीं पढ़ सकते। सरकार द्वारा सरकारी स्कूलों में मिड डे मील (दोपहर का भोजन) जैसी कई अन्य योजनाएं चलाईं जा रही हैं। हालांकि, परोसा जाने वाला ज्यादातर भोजन अस्वास्थ्यकर और खाने के लायक नहीं होता। सभी स्कूलों में बच्चों पीने के लिए दूध जरूर दिया जाना चाहिए लेकिन ज्यादातर सरकारी स्कूलों में पीने लायक दूध नहीं दिया जाता।

सरकारी स्कूलों में दाखिला लेने वाले बच्चों को किसी भी प्रकार से अच्छी गुणवत्ता का यूनिफॉर्म, किताबें, बैग, जूते आदि नहीं उपलब्ध कराए जाते।

सरकारी स्कूलों में मूलभूत ढांचों, सुविधाओं और सेवाओं की ऐसी बुरी स्थिति के कारण, अधिक वेतन दिए जाने पर भी प्रतिभाशाली शिक्षकों का सरकारी स्कूलों में नौकरी न करने की इच्छा हमें चौंकाती नहीं है।

हमारे सरकारी स्कूलों में उचित व्यवस्था एवं निगरानी प्रणाली न होने के कारण बीच में ही पढ़ाई छोड़ देने वाले छात्रों की दर बहुत अधिक है। बोर्ड परीक्षाओं में सरकारी स्कूलों के नतीजों में भी यह दिखता है।

तो, इस बारे में हम क्या कर सकते हैं? भारत सरकार का पहला कर्तव्य यह होना चाहिए कि वह सरकारी स्कूलों के बुनियादी ढांचे और

मूलभूत सुविधाओं एवं शिक्षकों के प्रशिक्षण और स्कूलों में शिक्षकों की संख्या बढ़ाने के लिए बड़े पैमाने पर निवेश करे।

यह भी स्पष्ट है कि हमारे देश की बढ़ती आबादी के साथ छात्रों की बढ़ती संख्या की मांग को पूरा करने के लिए हमारे देश में शिक्षकों और सरकारी स्कूलों की संख्या काफी नहीं है।

यदि आप भारत में शिक्षक- छात्र अनुपात पर गौर करगें तो पाएंगे कि विकसित देशों की तुलना में प्रति छात्र उपलब्ध शिक्षकों का अनुपात बहुत ही चौंकाने वाला और अपर्याप्त है।

भारत में करीब 60 लाख (6 मिलियन) शिक्षक हैं और भारत में छात्रों की वर्तमान संख्या 3,150 लाख (31 करोड़ 50 लाख/ 315 मिलियन) से अधिक है जिसका अर्थ है भारत में शिक्षक और छात्र का अनुपात प्रति शिक्षक 53 छात्र है। और यह मात्र एक संख्या है, स्कूलों में शिक्षकों की बहाली भी एक मुद्दा है।

हमारी शिक्षा व्यवस्था में मौजूद कमियों को बताने वाली एक रिपोर्ट के अनुसार, भारत में, 1 लाख से अधिक सरकारी स्कूलों में, सिर्फ एक ही शिक्षक नियुक्त किया गया है। इसलिए, हर एक स्कूल के लिए सिर्फ एक ही शिक्षक है, जिससे एक बार फिर हमारे देश में शैक्षणिक सुविधाओं पर सवाल उठता है।

जापान, यूके जैसे विकसित देशों में शिक्षक छात्र अनुपात - 16 से 18 छात्र प्रति शिक्षक हैं। यदि आप हमारे देश में स्कूलों की संख्या और जनसंख्या का अनुपात देखेंगे तो एक बार फिर आपको कमी साफ- साफ नज़र आएगी। अन्य विकसित देशों की तुलना में यदि हम हमारे सरकारी स्कूलों और जनसंख्या का अनुपात देखें तो हमें वर्तमान छात्रों की संख्या की मांग को पूरा करने के लिए उपलब्ध स्कूलों की संख्या में बहुत कमी दिखाई देगी।

जब किसी देश की शक्ति का मुख्य आधार, शैक्षणिक सुविधाओं की स्थिति इतनी बुरी हो तो वह देश कैसे प्रगति कर सकता है।

अधिकांश आबादी के अशिक्षित रहने या अपर्याप्त शैक्षणिक सुविधाओं के साथ हम वास्तव में किस गति से आर्थिक विकास की अपेक्षा कर सकते हैं?

विकसित देशों की समृद्धि और खुशहाली की राज़ उनकी सरकारों द्वारा अपने नागरिकों को दी जाने वाली शैक्षणिक सुविधाएं हैं। विश्व के ज्यादातर विकसित देशों में शिक्षा अनिवार्य एवं मुफ्त है। विश्व में सभी विकसित देशों की सतत आर्थिक प्रगति का रहस्य - वहां कि शैक्षणिक सुविधाओं की पर्याप्तता और उपलब्धता है।

इसके अलावा, विकसित देशों में, सरकारी स्कूलों का अनुपात बिल्कुल उल्टा है। विकसित अर्थव्यवस्थाओं में ज्यादातर स्कूल सरकारी हैं और वहां प्राइवेट स्कूलों की संख्या बहुत ही कम है। उन विकसित देशों में सरकार द्वारा संचालित संस्थानों में कामकाजी संस्था के रूप में शिक्षा को गौरवपूर्ण स्थान प्राप्त है। ये शिक्षण संस्थान राष्ट्र हित में काम करने वाले बुनियादी एवं सबसे महत्वपूर्ण संस्थानों में से एक, अपनी अर्थव्यवस्था को आगे बढ़ाने का आधार और उन राष्ट्रों की शक्ति का मुख्य स्तंभ होते हैं।

गुणवत्तापूर्ण शिक्षा की उपलब्धता के साथ अच्छी नौकरियों, व्यापार, नवाचार, युवाओं एवं महत्वाकांक्षी नागरिकों के लिए नौकरियां पैदा होगीं। यह किसी भी राष्ट्र की सफलता का गूढ़ मंत्र है।

इसलिए भारत सरकार से मेरा अनुरोध है कि वह वर्तमान सरकारी स्कूलों को ढांचागत एवं उपलब्ध सुविधाओं की गुणवत्ता में सुधार के साथ उत्कृष्ट गुणवत्ता वाले स्कूल बनाने, शिक्षकों के प्रशिक्षण और शिक्षक प्रशिक्षण संस्थानों को हमारे वर्तमान शिक्षकों को प्रशिक्षित करने एवं इस नेक पेशे के लिए आकर्षक परिस्थियां पैदा कर देश में पेशे के रूप में अध्यापन को अपनाने हेतु प्रेरित करने के लिए बजट में पर्याप्त धनराशि की व्यवस्था करें।

बड़ी संख्या में सरकारी स्कूलों को बनाने एवं शुरु करने में किया जाने वाला प्रमुख निवेश हमारे देश की बढ़ती छात्र आबादी की मांग को पूरा करने के लिए पर्याप्त है।

हमारा देश विकसित देशों के जैसे ही आर्थिक विकास कर सके, इसके लिए बजट एवं संसाधन आवंटन में सरकारी निवेश हेतु शिक्षा को प्रमुख क्षेत्र माना जाना चाहिए और आने वाले एक दशक तक सभी सरकारी संसाधनों एवं कार्य विस्तार का प्रमुख केंद्र होना चाहिए।

अध्याय 9

जय जवान जय किसान

हमारे देश के सबसे प्रमुख और महत्वपूर्ण अंग हैं- हमारे सैनिक। हमें यह समझने की आवश्यकता है कि आज हम जिस सुरक्षित और शांतिपूर्ण माहौल में रह रहे हैं, वह मुख्य रूप में हमारे देश के जवानों या सेना के बलिदान, जो हमारी देश की सेवा करते हुए अपने प्राणों को न्योछावर कर देते हैं, की वजह से ही है। हम सभी नागरिक अपने जीवन का आनंद सिर्फ उन्हीं के कारण ले पाते हैं। यदि वे ऐसा न करें तो हम इस विश्व में एक राष्ट्र के रूप में कुछ भी हासिल नहीं कर सकते।

हम जिस प्रकार अपने जवानों या सेना के कर्मचारियों के साथ व्यवहार करते हैं, उसमें हमें यह सुनिश्चित करना होगा कि देश के लिए अपनी जान गंवाने वाले हर एक सैनिक के परिवार के हर एक सदस्य को भारत सरकार का सहयोग प्राप्त हो सके। उन्हें अपने वित्तीय संसाधनों को सुरक्षित करने लिए मुआवज़े के रूप में बड़ी धनराशि की आवश्यकता होगी, उन्हें अनिवार्य रूप से पेंशन दी जानी चाहिए, उनके बच्चों के शिक्षा की व्यवस्था की जानी चाहिए और उनके जीवनसाथी/ जीवनसंगिनी समेत परिवार के किसी भी कामकाजी सदस्य के आजीवन रोजगार का अवसर देना चाहिए।

सेना की नौकरी कर लौटने वाले सभी सैनिकों को न सिर्फ जीवन भर अच्छा पेंशन दिया जाए बल्कि एक नागरिक के रूप में उन्हें,

अच्छे वेतन के साथ काम करने का अच्छा अवसर भी मिले और यह हमारे देश की सरकार द्वारा उन्हें दिया गया उनका पहला अधिकार होना चाहिए।

इसलिए, हर एक सैनिक की अच्छी तरह से देखभाल करना अनिवार्य है और हमारा कर्तव्य भी। जय जवान।

हम यह अच्छी तरह जानते हैं कि हमारे देश के किसान और सैनिक ही हैं जो हमारे देश के सबसे मूल्यवान नागरिक हैं। अपने अथक परिश्रम और समर्पण के माध्यम से हमारे किसान खेतों की जुताई करते हैं ताकि खेतों से हमें पौष्टिक भोजन मिल सके- चाहे वह अनाज के रूप में या सब्जियों और फलों के रूप में। यदि वे अपना कर्तव्य निभाने में असमर्थ होंगे तो हमारी अर्थव्यवस्था के साथ-साथ पूरा देश संकट की स्थिति में आ जाएगा। हालांकि हमारे देश की 75% आबादी आज भी ग्रामीण इलाकों में- गांवों में रहती है लेकिन कृषि और उससे संबंधित उद्योग देश की जीडीपी में मात्र 17.32% का योगदान करते हैं। बाकी के जीडीपी में औद्योगिक क्षेत्र -24.2% और सेवा क्षेत्र - 57.9%, की भागीदारी है।

यह अनुपात बिल्कुल भी अच्छा नहीं है। विकसित देशों में कृषि और संबंधित उद्योगों का जीडीपी योगदान 1% से भी कम होता है और कृषि क्षेत्र से जुड़ी आबादी भी 1% से कम होती है। इसके अलावा, विकसित देशों में, आबादी का बड़ा हिस्सा, करीब 70 से 80%, सेवा क्षेत्र में काम करता है और बाकी बची 19% आबादी औद्योगिक या विनिर्माण क्षेत्र में काम कर रही है।

भारत में गरीबी के उच्च स्तर का यही मूल कारण है। भारत की 75% आबादी जीडीपी में सिर्फ 17.2% योगदान करती है। हमारे जीडीपी में मुख्य रूप से योगदान करने वाले औद्योगिक एवं सेवा क्षेत्र में सिर्फ 25% आबादी ही काम कर रही है।

यही वजह है कि किसान खुद को बुरी स्थिति में पाते हैं। फिर यदि पर्याप्त मात्रा में वर्षा न हुई या किसी दूसरे कारण से फसल बर्बाद हो गई तो भारत की आबादी का एक बड़ा वर्ग भयंकर कष्ट झेलने के लिए मजबूर हो जाता है। इस सीमा तक कि हमारे देश में किसानों के आत्महत्या करने का यह मुख्य कारण बन गया है।

हमारे देश के किसानों की यही स्थिति है। हमारे देश में इस असामनता को ठीक करने के लिए बहुत सारे काम किए जाने की जरूरत है। सबसे पहले, गांवों में रहने वाले लोगों के कौशल में सुधार लाने के लिए ग्रामीण इलाकों में गुणवत्तापूर्ण शिक्षा व्यवस्था करने की आवश्यकता है। दूसरी, ग्रामीण क्षेत्र में बड़े पैमाने पर परियोजना कोष आवंटन के निवेश किए जाने की जरूरत है। हमें हमारे गांवों को विकसित करने और वहां के विकास मानकों में सुधार लाने की आवश्यकता है। हम केवल अपने प्रमुख शहरों के विकास पर ध्यान केंद्रित किए हुए हैं लेकिन हमें अपना 75% फोकस गांवों के विकास की तरफ मोड़ देना चाहिए। हमें वहां सिर्फ अच्छे स्कूलों और कॉलेजों की ही आवश्यकता नहीं है, हमें वहां सड़क मार्ग से उचित संपर्क बनाने, अस्पतालों और बिजली की व्यवस्था करने की भी आवश्यकता है। सरकार का दावा है कि सभी गांवों का विद्युतीकरण कर दिया गया है, क्या सभी घरों में बिजली पहुँच पाई है? गैस कनेक्शन को भी एक उपलब्धि के रूप में बताया जाता है लेकिन गांवों में कितने प्रतिशत घरों में गैस का कनेक्शन है? गांवों में रहने वाले सभी नागरिकों के लिए घर बनाने में निवेश की कमी, एक गंभीर समस्या बनी हुई है, गांवों में सभी संचार साधनों की स्थिति पर भी प्रश्नचिन्ह लगा हुआ है। ग्रामीण स्तर पर उचित जल निकासी कनेक्शन और स्वच्छता के बारे में क्या कहना है? हमारे गांवों में रहने वाले सभी लोगों के लिए शुद्ध पेयजल की उपलब्धता कैसी है? सबसे महत्वपूर्ण बात, भारत में सभी किसानों और गावों में क्या सिंचाई की सुविधाएं उपलब्ध हैं? इससे भी महत्वपूर्ण बात, कारोबार के विकास और उद्यमियों को गावों में व्यवसाय शुरु करने हेतु प्रोत्साहित करने के लिए क्या किया जा रहा

है? गांवों में उपभोक्ता के अनुकूल बैंकिंग सुविधाओं के बारे में क्या विचार है? गांव में कानून और व्यवस्था की क्या स्थिति है? ग्रामीण आबादी की कितनी प्रतिशत आबादी शिक्षित है जो व्यापार क्षेत्र को आगे बढ़ाने या सरकारी योजनाओं को लागू कर सकती है? ये कुछ बड़े सवाल हैं और जब तक सरकारी योजनाओं का लक्ष्य गांवों का विकास करना नहीं होगा, वास्तव में किसी प्रकार की प्रगति संभव नहीं है। एक राष्ट्र के रूप में हमें कमियों को दूर करने का प्रयास करना चाहिए। आमदनी के स्रोत के रूप में मुख्य रूप से कृषि पर ध्यान केंद्रित करने की बजाए विकसित देशों के जैसे ही औद्योगिकीकरण और सेवा क्षेत्र के विकास पर ध्यान देना। विनिर्माण और सेवा क्षेत्र में आबादी का यह आंकड़ा, यूके, संयुक्त राज्य अमेरिका, यूरोप, जापान, सउदी आदि जैसे विश्व के ज्यादातर विकसित देशों की समृद्धि और आर्थिक क्षेत्र में दबदबा रखने का एक मुख्य कारण है। हमें हमारे देश को आधुनिक और विकसित बनाने की आवश्यकता है ताकि हमारी जीडीपी में विनिर्माण एवं सेवा क्षेत्र का योगदान 98% से ज्यादा हो। इन उपायों को करने के बाद हम ग्रामीण इलाकों में रहने वाली अपनी आबादी के बड़े हिस्से को विकसित पाएंगें और उनकी उत्पादकता इन मानकों को पूरा करने के लिए बढ़ जाएगी। ऐसा सिर्फ तभी संभव है जब हम कृषि क्षेत्र में काम करने वाले सभी लोगों को शिक्षित और कुशल बना लें, इस क्षेत्र में लोगों को भागीदारी सिर्फ अनिवार्य सीमा तक हो और बाकी लोगों को हमारी अर्थव्यवस्था के अधिक उत्पादक सेवाओं और विनिर्माण क्षेत्रों में काम करने को प्रोत्साहित किया जाए। निश्चित रूप से यह हमारे देश में आर्थिक विकास की गति में तेजी और समृद्धि लाएगा। साथ ही ऐसा कर हम लोगों के बीच धन से जुड़ी असमानता को भी कम कर पाएंगे।

जय किसान।

अध्याय 10

दवाएं क्या हैं,
बीमारियां और चिकित्स क्या हैं?

बीमारी क्या है? मानसिक और शारीरिक दोनों? ये हमें क्यों होती हैं? क्या इनका इलाज किया जा सकता है? कहा जाता है कि करीब 80% बीमारी स्वयं-निर्मित, स्व-संक्रमित होती हैं और 15% बीमारियां हमारे आस-पास की खराब माहौल के कारण होती हैं। यह खराब माहौल हमारे द्वारा धरती पर उपलब्ध प्राकृतिक संसाधनों का दोहन कर एवं प्राकृतिक पारिस्थितिक संतुलन को खराब करने, ईश्वर द्वारा उपहार में दी गई प्रकृति को प्रदूषित करने के कारण बनता है। सिर्फ 5% बीमारियां ही हैं जो हमारे अस्तित्व की प्रकृति के अनुसार हैं। जब उम्र बढ़ने की प्राकृतिक प्रक्रिया शुरु होती है और जैसे- जैसे हम बूढ़े होते जाते हैं कुछ प्रकार की बीमारियां हमें घेरने लगती हैं, ताकि वह हमारे लिए इस दुनिया से जाने का कारण बनी रहें। हम जैसे- जैसे स्वाभाविक रूप से वृद्धावस्था की ओर बढ़ते हैं, शरीर की ऊर्जा कम होती चली जाती है और प्रकृति का नियम हमारे शरीर पर हावी होने लगता है और हम इस पृथ्वी पर अपने जन्म के कारण मिले शरीर का त्याग कर देते हैं। यह, किसी उठाई हुई वस्तु को वापस उसी स्थान पर रखने जैसा है।

फिर हम इंसानों को तकलीफ देने वाली बहुत गंभीर बीमारियों के होने का क्या कारण है? शारीरिक और मानसिक, दोनों ही तरह के

असंतुन के कारण हमें बीमारियां होती है। यह असंतुलन हम चार प्रकार से बनाते हैं- सबसे पहले, हमारी जीवनशैली। हमारे आधुनिक समाज में हम जिस तरह का भोजन करते हैं और जिस प्रकार से अपने शरीर का उपयोग करते हैं, हम में से ज्यादातर लोगों द्वारा अधिक समय तक बैठ कर रहने वाली जीवनशैली बना कर। दूसरा, हम जिस प्रकार से अपने प्राकृतिक संसाधनों का प्रयोग करते हैं। उनका इस प्रकार से दोहन करते हैं कि हम जिस वातावरण में रहते हैं उसे ही प्रदूषित कर देते हैं। इस प्रदूषित माहौल का हमें नुकसान हमें ही होता है और पूरी मनुष्य जाती बीमारियों से जूझती है। तीसरा, हम अपने जीवन में जिस प्रकार के काम करते हैं। हम चिल्लाते हैं, हम गुस्सा करते हैं, हम दूसरों के प्रति क्रूरता दिखाते हैं, हम अपने से कमजोर लोगों का शोषण करते हैं, हम स्वार्थ से भरा व्यवहार करते हैं, हम आत्म-केंद्रित होते जाते हैं और दूसरों के बारे में नहीं सोचते, हम दूसरों को दुख देते हैं। चाहे वे परिवार के सदस्य हों, रिश्तेदार हों या मित्र हों या फिर मासूम जानवर, जिनके साथ बहुत क्रूरता की जाती है। एक असंतुलित और गुणहीन जीवन एवं अस्तित्व का हमारे स्वास्थ्य पर बहुत बुरा प्रभाव पड़ता है।

जब हम यह सब करते हैं, तो ईश्वर या उनका एक अंश, जो हम सब में वास्तविक जीवन के रूप में उपस्थित है, वह, हमारे शरीर और मन द्वारा किए जाने वाले अपवित्र कर्मों के कारण हमारे शरीर में नहीं रहना चाहता। इसलिए हमारे भीतर का ईश्वर सभी प्रकार की बीमारियों के लिए अपने- आप प्रतिक्रिया करता है ताकि उसे शरीर से बाहर निकलने में मदद कर सके। हमारी सभी प्रकार की बीमारियों का कारण अपना अस्तित्व छोड़ दे। इस प्रकार के कर्मों और ईश्वर की भावनाओं के साथ होने से, उनके द्वारा बनाई दुनिया में आपका अस्तित्व, एक बोझ है। आपको हमारी धरती पर और अधिक रहने की आवश्यकता नहीं है। आप जीवन की प्रक्रिया के लिए हमारे अस्तित्व में बोझ बन गए हैं। इसलिए आपने अपने भीतर जो बीमारियां पैदा

की हैं, जिसे ईश्वर ने स्वयं पैदा किया है, उसकी वजह से आपका इस दुनिया से जल्द ही चला जाना तय है।

लेकिन ईश्वर आपको, जब तक आप जीवित रहते हैं, बावजूद आपके सभी बुरे कर्मों के, हमेशा अपने जीवन में सुधार लाने का मौका देता है। अचानक आप जीवन की दिशा बदल देते हैं, आप अच्छे काम करने लगते हैं, जरूरतमंद लोगों की मदद करना शुरु कर देते हैं, दूसरे मनुष्यों और पशुओं से प्रेम करना शुरु कर देते हैं, आप क्रोध करना और दूसरों को दुख पहुँचाने वाला व्यवहार करना छोड़ देते हैं, आप एक बच्चे के जैसा बन जाते हैं और दूसरों का ध्यान रखना शुरु कर देते हैं, आप अच्छी योग्यता के साथ जीवन जीना शुरु कर अपने सभी बुरे कर्मों को छोड़ देते हैं, यदि लोगों को आपके होने की जरूरत महसूस होती है तो आप अपने अच्छे कर्मों के लिए प्रेम मिलता है, फिर, आखिरकार ईश्वर आपके शरीर में बने रहने का एहसास करता है और धरती पर बोझ बनने की बजाए आप धरती की अनमोल धरोहर बन जाते हैं। यदि दुनिया को आपकी जरूरत होती है, तो, ईश्वर, आपके शरीर और मन की बीमारियों का उपचार करना शुरु कर देता है। आप धीरे- धीरे स्वस्थ होने लगते हैं। हमारी पृथ्वी पर आपके जिंदा रहने का समय अपने- आप बढ़ जाता है। आपके अच्छे कर्मों के कारण, आपके पास अधिक समय तक प्रेम से भरा, आनंदमय एवं खुशहाल जीवन होता है। जैसा कि आपके कर्म के अनुसार आपके भीतर के ईश्वर ने कल्पना की थी।

अब दवाओं की कोई जरूरत नहीं है, ये सिर्फ बाहरी मदद या सहायता के लिए होती हैं, जिन्हें आपने ही बनाया होता है, ताकि आप दुखों से भरे जीवन में जी सकें और सभी प्रकार की दवाओं को खाने की तकलीफ के बावजूद आपको अपनी बीमारियों से छुटकारा पाने में मदद करने मिल सके। आपके बुरे कर्म जारी रहते हैं और आप अपने जीवन में नीचे की ओर बढ़ रहे हैं। ये दवाएं सबसे पहले कैसे बनाई गईं थीं? इन्हें इंसानों की बुद्धि का प्रयोग कर बनाया गया था, ताकि

जीवन को कृत्रिम रूप से सहयोग दिया जा सके। आप बुरे कर्म करते हैं और आपको बीमारियां हो जाती हैं और फिर भी आप जीना चाहते हैं, शायद दुख और तकलीफ के साथ, जैसे कि आप अपनी बीमारी से लड़ने की कोशिश करते हैं, जिंदा रहने के लिए, जिसे आपके भीतर के ईश्वर, जो वास्तव में आप हैं, का सहयोग नहीं मिलता।

दवाएं ज्यादा काम नहीं करतीं, आपकी बीमारी बनी रहती है। आपके भीतर के ईश्वर की इच्छा के विपरीत, क्योंकि आप अपने बुरे कर्म करना नहीं छोड़ते। अपने बुरे कर्म करते रहने के कारण, अपने जीवन के सहयोग हेतु आपके द्वारा खाई जाने वाली दवाओं की मात्रा बढ़ती जाती है। आप अपने जीवन में जितने बुरे कर्म करना जारी रखेंगे, आपको उतनी की अधिक मात्रा में और अधिक शक्तिशाली दवाएं खानी होगी और आखिरकार आपको चिकित्सा के क्षेत्र के अंतिम उपाय, सर्जरी की मदद लेनी होगी। आप अभागे बन चुके होते हैं इसलिए आपको अधिक-से-अधिक दर्द का अनुभव होता है, आपको अपने भीतर के दर्द के साथ जीवन जीना होता है।

बुरे कर्म के साथ, आप वास्तव में एक दर्द से भरा जीवन जीना शुरु कर देते हैं। दवाओं की भारी खुराक और चिकित्सकों की मदद से की जाने वाली सर्जरी, दोनों के ही कारण, आप अस्पताल में होते हैं। बहुत सारा पैसे खर्च करते हैं। आपको गलतफहमी होती है कि आप ठीक हो रहे हैं लेकिन वास्तव में आपके बुरे कर्मों के लिए ईश्वर के दंड के रूप में आप पहले से अधिक दर्दनाक प्रक्रिया से गुजर रहे होते हैं।

यह तथ्य है कि अपने बुरे कर्म जारी रखने के कारण दुख से भरा आपका जीवन, आपकी मृत्यु की ओर बढ़ रहा है, बढ़ता रहता है, आपके भीतर बैठा ईश्वर स्वयं इसका निर्णय करता है, क्योंकि उसने आपके भाग्य और हमारी धरती पर कुछ ही समय के लिए आपका जिंदा रहना निर्धारित कर दिया है। इस प्रकार के जीवन में, क्या आपको लगता है कि इस ग्रह के किसी भी व्यक्ति को वास्तव में आपकी जरूरत है या आपकी कमी किसी को महसूस होगी! सच कहें

तो क्या इस धरती पर जिंदा रहने की अनुमति दिए जाने की दृष्टि से आप हमारी धरती के लिए एक बोझ, एक जिम्मेदारी नहीं बन गए हैं?

कभी- कभी आपको अपने डॉक्टर से बधाई मिल सकती है क्योंकि उन्होंने जो आपको दवा दी वह आपके शरीर ने स्वीकार कर ली और आप ठीक हो गए या अस्पताल का सर्जन आपको बिल्कुल तंदुरुस्त बता सकता है क्योंकि वह आपकी बीमारी को ठीक करने में सफल रहा। यह बहुत अच्छा एहसास है, है ना? लेकिन आपको दी गईं दवाओं की मदद से आपके लक्षणों में कमी आई या सर्जरी के कारण फिर से वही हुआ। आपने स्वस्थ होने के लिए जिन तकलीफों को सहन किया उसके बाद भी इन प्रक्रियाओं के लिए आपको अच्छा महसूस होता है। या वास्तव में आपकी वर्तमान बीमारी को आपके डॉक्टर ठीक कर सकते हैं लेकिन आपके बुरे कर्म जारी रहते हैं, आपके शरीर में नई समस्याएं पैदा होने लगती हैं। एक कमजोर शरीर, थोड़े समय के लिए मिले मन के सुख के बाद फिर से बीमार पड़ जाता है। और फिर कुछ समय तक रुके रहने के बाद, पहले के जैसे हीं बीमारियों और दुखों का चक्र चलने लगता है, क्योंकि आखिरकार आपके भाग्य का फैसला ईश्वर ही करता है। क्योंकि आप बुरे कर्म करना जारी रखते हैं, वह आपके खिलाफ निर्णय लेता है। किसी को आपकी जरूरत नहीं, और दवाओं एवं सर्जरी का चक्र चल रहा है, आपको पहले से कहीं अधिक दर्द होता है और फिर एक दिन आपकी मृत्यु हो जाती है।

तो आखिरकार, आप जिन दवाओं और चिकित्सा प्रक्रिया से गुजर रहे होते हैं उसे समाप्त करने के लिए ऐसा होता है। आपके सभी बुरे कर्मों या आपने जिन अच्छे कर्मों को नहीं किया, उसका फल। यह कर्म का नियम है, आप अपने जीवन के आनंद और सुख को महसूस कर सकते हैं, यह आपके जीवन के किसी भी चरण में आपके द्वारा किए गए अच्छे या बुरे कर्मों के संतुलन का अनुपात है, न इससे अधिक, न इससे कम?

फिर डॉक्टर क्या है? डॉक्टर एक योग्य वैज्ञानिक है, जो बाहरी इंजीनियरिंग, विश्वविद्यालयों/ यूनिर्सिटीज़ और अस्पतालों, प्रशिक्षण संस्थानों में पढ़ाए जाने वाले परंपरागत विज्ञान का प्रयोग करता है। वह एक चिकित्सा विज्ञानी है जो आपके शरीर को सभी प्रकार की बीमारियों से उबरने में मदद करता है। ये बीमारियां आपने अपने कर्मों से खुद अपने भीतर पैदा की हैं। ये एक आम ज्ञानी, साधु लोग हैं जो दलायु हैं, जिनकी दूसरों को जरूरत है और वे समाज की पूंजी बने रहते हैं। वास्तव में ऐसे लोग जिन्हें डॉक्टरों की जरूरत नहीं है और बीमारियां जिनसे कोसों दूर होती है वैसे लोग ही इस पृथ्वी के सबसे स्वस्थ, सुखी और खुशहाल हैं। और ऐसे लोग जिन्हें डॉक्टरों की जरूरत पड़ती है वे खुद के द्वारा पैदा की गईं बीमारियों को ठीक करने के लिए डॉक्टरों की विशेषज्ञता का प्रयोग करते हैं अपनी बीमारी ठीक करने के लिए उनको फीस देते हैं। इसे हमारे समाज में बहुत उच्च योग्यता का पेशा माना जाता है। हमारे समाज में वे एक शानदार हैसियत रखते हैं क्योंकि सिर्फ ये ही हैं जो आपको ईश्वर के क्रोध से बचा कर जीवित रहने में आपकी मदद कर सकते हैं, लेकिन यदि आप अपने बुरे कर्म जारी रखते हैं तो निश्चित रूप से, उनके द्वारा दी गई राहत, अस्थायी प्रकृति की होगी। डॉक्टर महंगे भी होते हैं, क्योंकि इस विज्ञान को पढ़ने-समझने के लिए उन्होंने बहुत पैसा, समय लगाया है और मेहनत की है। वे बहुत सम्मानित मनुष्य होते हैं क्योंकि वे ही हैं जो, आपको अपने शरीर और मन के लिए, जो दुख से भरा रास्ता चुना है, जो आखिरकार आपकी मृत्यु की वजह बनता है, उसके बावजूद, आपको अपने द्वारा चुने गए मार्ग पर चलने देते हैं। उनका इलाज कितना काम करेगा यह आपके द्वारा किए गए कर्मों पर भी निर्भर करेगा, सिर्फ उनकी योग्यताओं पर ही नहीं।

बड़ा डॉक्टर कौन है? आपके सामने खड़ा व्यक्ति जो एक डॉक्टर है और जो अपनी समझ एवं शरीर के आधार पर अपनी जानकारी एवं प्रतिभा की मदद से आपको ठीक कर देता है? या सभी डॉक्टरों का

सच्चा डॉक्टर, खुद के भीतर का ईश्वर, जो वास्तव में आप हैं, चाहे आज आप उसे महसूस नहीं कर पा रहे, जो आपके कर्म के अनुसार आपके भाग्य का फैसला करता है, जो वास्तव में आपके द्वारा किए गए कर्मों के अनुसार आपको स्वस्थ बनाता है या बीमार बना देता है?

इसलिए आपकी बीमारियों, दवाओं या डॉक्टरों की वास्तविकता यही है।

खुद को स्वस्थ कैसे बनाएं? सबसे पहले आप अच्छे कर्म करें और यदि आपके लिए वर्तमान स्थिति में ऐसा करना मुश्किल है तो आप अपनी मदद नहीं कर सकते। आपको मदद की जरूरत है। आप अपनी चेतना के गुलाम बन चुके हैं और आपको सत्य के बारे में, हमारे अस्तित्व की सच्ची प्रकृति के बारे में कोई जानकारी नहीं है। आपको एक नई शुरुआत की आवश्यकता है। जैसा कि मुझे विश्वास है कि आप अपने जीवन में प्रगति नहीं कर रहे, सबसे पहले आप थोड़ा ब्रेक लें और अपने भीतर अच्छे कर्म करने की क्षमता पैदा करने के लिए मेहनत करें। इसके लिए आपके सबसे पहले अपनी रसना (जिह्वा) पर नियंत्रण करना होगा और ऐसा कर के आप अपनी ज्ञानेन्द्रियों पर भी नियंत्रण प्राप्त कर पाएंगे। इसके बाद, महसूस करें कि ईश्वर ने आपमें वंश-वृद्धि के लिए जो अंग बनाए हैं वे किस लिए बनाए हैं और वैवाहिक जीवन में सबसे पहले ब्रह्मचारी बनें। यदि आप पहले से विवाहित हैं या अभी तक कुँवारे हैं, सत्य नहीं बदलेगा और फिर तीसरा काम, योग या अंतर्मन का विज्ञान सीखें। जिसे मेरे एक गुरु(सद्गुरु) इनर इंजीनियरिंग कहते हैं। इसका अपने दोनों जीवन, ब्रह्मचारी होते हुए भी, में अभ्यास करें। रोजाना योग करने से, आपकी ज्यादातर बीमारियां प्राकृतिक रूप से ठीक हो जाएंगी क्योंकि ईश्वर आपके लिए काम करना शुरु कर देगा। इन तीन काम को करने के साथ ही आप अपनी दुनिया के लिए पूंजी में बदलना शुरु हो जाएंगे और आपके अच्छे कर्मों का खाता शुरु हो जाएगा। यदि आपकी कुछ बीमारियां बहुत गंभीर स्थिति में पहुँच चुकीं है तो आपको उसका इलाज तब

तक डॉक्टर से करवाना पड़ सकता है जब तक आप अपने जीवन में स्वास्थ्य संबंधी उचित संतुलन न प्राप्त कर लें।

कभी- कभी जब बीमारी गंभीर हो जाए और ऐसी स्थिति में पहुँच जाए कि उसका इलाज करना संभव न हो, एक डॉक्टर भी जिसका इलाज न कर पाए, तब, आपके द्वारा अपनाई जाने वाली ये तीनों प्रक्रियाएं और आपने जो अच्छे कर्म करना शुरु किया था, आपके लिए इसे संभव बना देंगे, आपका जीवन निश्चित रूप से लंबा होगा, आपकी तकलीफ कम हो सकती है, गंभीर बीमारी होने के बाद भी आपके जीवन की गुणवत्ता एवं जीवन काल, जिसके बारे में आपके डॉक्टर भी साफ शब्दों में न बता सकें, चिकित्सा जगत के लिए अद्भुत आश्चर्य बन जाएगा। कुछ लोग अपने अच्छे कर्मों के कारण कैंसर या ऐसी ही अन्य बीमारियों के साथ अपने बुढ़ापे तक जिंदा रहते हैं।

इन सब में एक बात तो निश्चित है, आज के इंसानी डॉक्टरों की तुलना हम सब के भीतर रहने वाले परम चिकित्सक/ सुप्रीम डॉक्टर, ईश्वर, से कभी नहीं की जा सकती। यदि आप बीमार हैं और आपके भीतर के ईश्वर की इच्छा न हों तो डॉक्टर और डॉक्टरों की पूरी टीम द्वारा किए गए उपचार का लाभ आपको नहीं मिलेगा। डॉक्टरों ने आपको स्वस्थ बनाने के लिए कितनी मेहनत की है इससे कोई फर्क नहीं पड़ेगा। आप तब तक ठीक नहीं हो पाएंगे जब तक आपके भीतर का ईश्वर नहीं चाहेगा। और बीमारी से उबरने का एक मात्र तरीका है अपने भीतर के ईश्वर की इच्छाशक्ति को मजबूत बनाना, जो सिर्फ अच्छे कर्म कर के लिए किया जा सकता है। यदि आप जागरुक और सचेत नहीं हैं, तो अपनी रसना (जिह्वा) और अपने संवेदी अंगों (ज्ञानेन्द्रियों) पर नियंत्रण प्राप्त करने के तीन चरण वाली प्रक्रिया के माध्यम से अपने शरीर एवं मन को अच्छे कर्म कर जागरुक और सचेत बनाएं। वंश-वृद्धि के लिए बनाए गए अंगों का प्रयोग सिर्फ उसी उद्देश्य के लिए करें और अपनी जागरुकता एवं सचेतता का स्तर बढ़ाने के लिए योग करें। अपने अच्छे कर्म का खाता शुरु करने का यही

एकमात्र रास्ता है और इसी रास्ते पर चल कर आपको स्वस्थ, संपन्न, समृद्ध, खुशहाल, आनंदपूर्ण, सौभाग्यशाली और परमसुखी जीवन की प्राप्ति होगी। यह पूर्ण सत्य के जैसे ही संभव है। यह आपको बीमार कर सकने वाली सभी बीमारियों का इलाज है।

फिर आप जैसे- जैसे बूढ़े होते जाएंगे, बिना किसी कष्ट के अपने शरीर का त्याग कर सकते हैं और वृद्धा अवस्था में आपकी मृत्यु होगी। सबसे संभावित शांतिपूर्ण मृत्यु। आपको पता भी नहीं चलेगा। इस प्रक्रिया में अधिक कष्ट नहीं होगा। चाहे आप अपने जीवन के अंतिम पड़ाव में भी सक्रिए बने रहें, आपकी मृत्यु बिना किसी कष्ट के होगी, क्योंकि आपके भीतर के ईश्वर ने आपके लिए ऐसी ही योजना बनाई है।

अध्याय 11

हमारे सरकारी अस्पतालों की बुरी स्थिति

हम में से किसी को भी हमारे सरकारी अस्पतालों की खराब स्थिति के बारे में बताने की जरूरत नहीं है। माना जाता है कि सरकारी अस्पताल हमारे देश के नागरिकों को मुफ्त में सेवाएं देने के लिए हैं लेकिन क्या वहाँ ऐसी सेवाएं दी जाती हैं या वहाँ जाने के बाद मरीज को महसूस होता है कि वह एक ऐसे अस्पताल में है जहां उसकी बीमारी में कोई खास सुधार नहीं होगा, उल्टे उसकी परेशानी बढ़ जाएगी? अधिक गंभीर रोगों से पीड़ित गरीब, निश्चित रूप से महसूस करते हैं कि जब वे सरकारी अस्पतालों में भर्ती होंगे, तो किस्मत ही उन्हें वहाँ से जिंदा वापस ले आएगी, यदि उनकी किस्मत अच्छी नहीं हुई तो निश्चित रूप से वे बच नहीं पाएं और उनकी मौत हो जाएगी।

क्या मैं झूठ बोल रहा हूँ? जो किसी भी रूप में किसी प्रकार का चिकित्सीय उपचार का खर्च नहीं उठा सकते, उनके लिए उपलब्ध एक मात्र विकल्प सरकारी अस्पात, कहीं अधिक कष्ट देने वाले हैं?

सबसे पहले तो सरकारी अस्पतालों में इतनी गंदगी होती है कि वहाँ जा कर मरीज और बीमार पड़ जाएगा। सरकारी अस्पताल में भर्ती किए गए मरीज को संभव है कई प्रकार की संक्रामक बीमारियां हो जाएं। वहां के बिस्तर गंदे होते हैं, उनमें खटमल रहते हैं और एक तरह की दुर्गंध होती है जिससे उस बिस्तर पर सोना मुश्किल होता है। बाथरूम या प्रतीक्षाकक्ष भी बहुत गंदे और दुर्गंध से भरे होते हैं।

इनकी साफ-सफाई अच्छी तरह से नहीं की जाती और वे बेहद गंदे सार्वजनिक शौचालयों जैसे दिखते हैं। अस्पतालों के लिए संक्रमण का एक और स्रोत।

वहाँ दवाएं तो होती हैं लेकिन डॉक्टरों द्वारा लिखी गईं दवाओं को लेने के लिए आपको अस्पताल के अधिकारियों को पैसे खिलाने पड़ते हैं। सरकार द्वारा अस्पताल के कर्मचारियों को अच्छा वेतन दिए जाने के बावजूद। वे भ्रष्ट हैं और गरीब मरीज को हमेशा इस बात का सामना करना पड़ता है कि कर्मचारी को पैसा खिलाए बिना उन्हें कुछ नहीं मिल सकता। इलाज़ करने संबंधी उपकरण और ऑपरेशन थिएटर, क्रिटिकल केयर वार्ड्स (गहन चिकित्सा कक्ष), ये न सिर्फ बहुत गंदे होते हैं बल्कि इनका रख-रखाव भी सही तरीके से नहीं किया जाता। इनमें से कई उपकरण काम करने लायक नहीं होते लेकिन अस्पताल उन्हीं खराब उपकरणों का प्रयोग करता रहता है।

ऐसी खराब परिस्थितियों में काम करने को मजबूर डॉक्टरों में भी निराशा घर कर जाती हैं; उन्हें सरकार से वेतन मिलता है जो निजी अस्पतालों के मुकाबले बहुत कम होता है। उन्हें अपने काम को बेहतर बनाने की प्रेरणा नहीं मिलती और उनमें से कई डॉक्टर अस्पताल के कर्मचारियों के जैसे ही भ्रष्ट होते हैं।

किसी सरकारी अस्पताल में जाने वाला एक मरीज किसी भी रूप में यह नहीं मान सकता कि अस्पताल के अधिकारियों द्वारा उसकी बीमारी का ठीक से इलाज किया जा सकता है। वास्तव में, उसे लगता है कि उसकी परेशानी बढ़ जाएगी, क्योंकि भ्रष्ट कर्मचारियों से उसे उचित देखभाल नहीं मिलेगी। लेकिन गरीबों के पास कोई विकल्प नहीं है। चूंकि वे निजी अस्पतालों की फीस नहीं दे सकते इसलिए खुद को सरकारी अस्पतालों के भरोसे छोड़ देता है।

एक महीने पहले की बात है, अहमदाबाद के जाने-माने सरकारी अस्पताल में 24 घंटों के भीतर 18 नवजातों की मौत हो गई। अगस्त

2017 में गोरखपुर के सरकारी अस्पताल में 160 बच्चों की मौत हो गई थी; नाशिक के सरकारी अस्पताल में 55 बच्चों की मौत हो जाने की सूचना मिली थी। देश भर के सरकारी चिकित्सा केंद्रों और अस्पतालों में हर दिन इस प्रकार की मौतों और चिकित्सीय लापरवाही के मामले दर्ज किए जाते हैं। कुछ दिनों पहले, राष्ट्रीय राजधानी क्षेत्र की समाचार रिपोर्टों में कहा गया था कि एक 7- साल की डेंगू की मरीज के दो सप्ताह तक किए गए इलाज के लिए परिवार को 18 लाख रुपयों का बिल थमा दिया गया था। उस छोटी बच्ची की बीमारी से मौत हो गई और दुखी माता-पिता ने अपना गुस्सा सोशल मीडिया पर उतारा। और यह अकेला मामला नहीं है।

इस पूरे मामले में एक और लापरवाही नज़र आती है, अस्पताल के मुर्दाघर में आपके प्रियजनों का रखा शव आपको खुद ले जाना पड़ता है क्योंकि अस्पताल आपको शव वाहन देने से मना कर देते हैं। मीडिया और सोशल मीडिया दोनों ही में नाराज़गी जताना आम बात हो गई है लेकिन जरूरत है जागरुक बनने और कार्रवाई करने की।

यह तो थी सरकारी अस्पतालों की बात। आईए हमारे देश के सभी अस्पतालों के आंकड़ों पर नज़र डालें। भारत में कुल 35,000 अस्पताल हैं; इनमें 14 लाख बिस्तर हैं। ग्रामीण इलाकों में सिर्फ 2% योग्य डॉक्टर काम करते हैं जबकि देश की लगभग 70% आबादी गांवों में ही रहती है। एक सर्वेक्षण के अनुसार, भारत में 879 लोगों पर सिर्फ 1 बेड (बिस्तर) उपलब्ध है। हमारी सरकार स्वास्थ्य सेवा के क्षेत्र में जीडीपी का 1% से भी कम खर्च करती है।

सरकारी चिकित्सा संस्थानों को कम धन दिए जाने के कारण भारत की सरकारी स्वस्थ्यसेवा प्रणाली की स्थिति भी चिंताजनक है। वास्तव में, नए औद्योगिकीकृत राष्ट्रों और ब्रिक्स देशों से तुलना किया जाए तो भारत में स्वास्थ्य सेवा पर किया जाने वाला प्रति व्यक्ति खर्च बहुत निराशाजनक है। भारत की स्वास्थ्य सेवा के क्षेत्र में प्रति व्यक्ति खर्च करीब 75 अमेरिकी डॉलर है। इसकी तुलना में चीन में

प्रति व्यक्ति खर्च (420 अमेरिकी डॉलर), दक्षिण अफ्रीका में (570 अमेरिकी डॉलर), रूस में (893 अमेरिकी डॉलर) और ब्राजील (947 अमेरिकी डॉलर) है और यह अंतर बहुत बड़ा है। यूके में प्रति व्यक्ति स्वास्थ्यसेवा खर्च 4003 अमेरिकी डॉलर, जापान में 4150 अमेरिकी डॉलर और अमेरिका में 9451 अमेरिकी डॉलर है।

यदि ये आंकड़े देश की खराब स्वास्थ्यसेवा को बताने के लिए काफी नहीं है तो आईए हम देखते हैं कि सरकार कितना खर्च करती है। भारत में, एक सरकारी अस्पताल या चिकित्सा केंद्र की तुलना में मरीज को निजी अस्पताल की सेवाएं लेने के लिए करीब 800 प्रतिशत अधिक खर्च करना पड़ता है। बावजूद इसके, गांवों और शहरों में रहने वाले लोग प्राइवेट अस्पतालों और डॉक्टरों से इलाज़ करना पसंद करते हैं। स्वास्थ्य सेवा के क्षेत्र में कुल खर्च का करीब 70 प्रतिशत खर्च निजी क्षेत्र करता है और सरकार ने अपने स्वास्थ्य सेवा क्षेत्र का खर्च लगभग बंद कर दिया है। एक देश के रूप में, सामाजिक सुरक्षा और सरकारी चिकित्सा सहायता से हम कोसों दूर हैं लेकिन लगातार महंगा होते जाने के कारण ज्यादातर भारतीयों के लिए गुणवत्तापूर्ण स्वास्थ्य सेवा पहुँच के बाहर हो गई है।

भारत में प्रत्येक 10,189 लोगों पर एक सरकारी एलोपैथी डॉक्टर और प्रत्येक 90,343 लोगों पर एक राजकीय अस्पताल है। भारत में करीब एक अरब पचास लाख (1.5 बिलियन) लोगों का इलाज करने के लिए दस लाख (1 मिलियन) से कुछ ही अधिक एलोपैथी डॉक्टर हैं। इनमें से ही सिर्फ 10% डॉक्टर राजकीय अस्पतालों में काम करते हैं। चिकित्सकों और मूलभूत सुविधाओं की सबसे अधिक कमी गांवों में है जहाँ स्वास्थ्य संबंधी खर्चे प्रत्येक वर्ष करीब 7 करोड़ लोगों को गरीब बना रही है। राष्ट्रीय नमूना सर्वेक्षण कार्यालय (एनएसएसओ) द्वारा हाल ही किए गए एक सर्वेक्षण के अनुसार गांवों की 72% और शहरों की 79% से अधिक आबादी इलाज के लिए निजी अस्पतालों पर भरोसा करती है। सर्वेक्षण में यह स्पष्ट रूप से पता चला कि गांव

और शहर, दोनों ही जगह आयुष (आयुर्वेद, योग, यूमामी, सिद्ध और होम्योपैथी) की तुलना में एलोपैथी उपचार (90%) को पसंद किया जाता है। चूंकि गांव और शहर, दोनों ही जगह इलाज के लिए निजी अस्पतालों पर निर्भर थे इसलिए अस्पताल से जुड़े उनके खर्च भी अधिक थे। एक सरकारी अस्पताल में इलाज पर होने वाले 6,120 रु. के खर्च के मुकाबले निजी अस्पताल में इलाज का औसत खर्च 25,850 रु. था। "सार्वजनिक स्वास्थ्य पर न्यूनतम बजट जीडीपी का कम-से-कम 3-5% होना चाहिए और हम इसके आस-पास भी नहीं हैं। संयोग से, 86% ग्रामीण और 82% शहरी आबादी स्वास्थ्य सेवा क्षेत्र की किसी योजना के तहत नहीं आती। इलाज पर खर्च करने के लिए गांवों के लोग मुख्य रूप से अपनी 'पारिवारिक आमदनी/ बचत' (68%) और उधार (25%) पर निर्भर हैं जबकि शहरों के लोग अस्पताल से जुड़े खर्चों के लिए उधार (मात्र 18%) लेने की बजाए अपनी 'आमदनी/ बचत' (75%) पर अधिक निर्भर हैं। राष्ट्रीय स्वास्थ्य बीमा योजना (आरएसबीवाई) या ऐसी ही अन्य सरकारी योजनाओं के तहत सिर्फ 12% शहरी और 13% ग्रामीण आबादी स्वास्थ्य सुरक्षा कवरेज के तहत आती है।

करीब 22% भारतीय पहले से ही गरीबी रेखा के नीचे जीवन बसर कर रहे हैं और यदि उनकी बचत को स्वास्थ्य पर खर्च किया जा रहा है तो यह उनकी गरीब बने रहने में योगदान करने वाला एक कारक हो सकता है।

ये आंकड़े सरकारी अस्पतालों के दुखद और शोचनीय स्थिति को बताता है। मध्यम वर्ग के लिए, अपने इलाज के खर्चों को पूरा करना लगभग असंभव है और गरीबी रेखा से नीचे रहने वाली आबादी, अनुमान के अनुसार आबादी का 22%, जो कि बहुत बड़ी आबादी है, सरकारी अस्पताल एक मात्र विकल्प हैं। उनके लिए क्या है, मैंने अभी- अभी आपको पूरे विस्तार से बताया है, सरकार द्वारा चलाए जा रहे अस्पतालों की निराशाजनक स्थिति।

तो, हमारी सरकार की सर्वोच्च प्राथमिकता क्या होनी चाहिए? सरकारी अस्पतालों पर खर्च और एक कुशल व्यवस्था का निर्माण करना जिसमें गरीबों को अच्छी स्वास्थ्य सेवा मुहैया कराई जा सके। हमारे देश के गरीब नागरिकों की जरूरतों को पूरा करने के लिए देश में स्वास्थ्य सेवा पर किए जाने वाला खर्च को बढ़ाने, अस्पतालों को उन्नत बनाने एवं सरकारी अस्पतालों के प्रबंधन में सुधार किया जाना बहुत जरूरी है।

हम सबने देखा कि गांवों में डॉक्टरों की उपलब्धता बहुत कम है, कुल एलोपैथी डॉक्टरों में से सिर्फ 2% डॉक्टर ही गांवों में अपनी सेवाएं दे रहे हैं। गांवों में अस्पताल बनवाने और डॉक्टरों की व्यवस्था करने के लिए बड़े पैमाने पर धन का निवेश करना समय की मांग है।

यह भी देखा गया है कि 90% आबादी परंपरागत आयुष (आयुर्वेद, योग, उमामी, सिद्ध और होम्योपैथी इलाज) की तुलना में एलोपैथी इलाज कराना पसंद करते हैं।

इसके अलावा हमारी जनसंख्या की तुलना में डॉक्टरों और अस्पतालों में बिस्तरों की भारी कमी है। जब तक, सरकार जीडीपी का 4 से 5% स्वास्थ्य सेवा के क्षेत्र में नहीं खर्च करेगी, तब तक इस क्षेत्र में न्यूनतम सुविधाएं मुहैया करवा पाना संभव नहीं है। और एक राष्ट्र के रूप में हमारे पास, हमारे भारत के लिए आवश्यक चिकित्सीय देखभाल एवं अस्पताल से जुड़ी सुविधाएं बनाने की क्षमता और विशेषज्ञता की कमी है, क्या हममें कोई कमी है? सिर्फ इच्छाशक्ति की कमी है। साथ ही जागरूकता और उद्देश्य का भी अभाव है जिसके लिए सरकार को सर्वोच्च प्राथमिकता के साथ धन का आवंटन करने की आवश्यकता है। भारत विश्व के सर्वश्रेष्ठ सरकारी अस्पताल बना सकता है।" स्वदेशी प्रतिभा, विशेषज्ञता और संसाधनों की उपलब्धता के साथ चिकित्सा के क्षेत्र को हमारे देश का मुख्य फोकस क्षेत्र होना चाहिए।

हम अन्य उन्नत अर्थव्यवस्थाओं को देखें तो वहां मिलने वाली चिकित्सीय सुविधाओं की गुणवत्ता और मात्रा सराहनीय है और वहां की सरकार अपने नागरिकों को ये सुविधाएं प्रदान करती हैं। यूके, संयुक्त राज्य अमेरिका, जापान, सउदी, यूरोप, ऑस्ट्रेलिया जैसे अन्य विकसित देशों में चिकित्सा के क्षेत्र से जुड़ी सामाजिक सुरक्षा सराहनीय है। ज्यादातर अस्पताल सरकारी हैं और इन देशों में चिकित्सा सेवाओं की निगरानी और व्यवस्था मुफ्त में की जाती है। यह प्रशंसनीय है। क्या हमारे देश भारत में संसाधनों समेत इस स्थिति को बताने वाले डॉक्टरों या विशेषज्ञता में किसी प्रकार की कमी है? पूरी दुनिया में, हम जिन प्रख्यात डॉक्टरों के बारे में जानते हैं, वे मूल रूप से भारतीय हैं, विदेशों में भारतीय डॉक्टर सबसे अधिक सम्मान और प्रतिष्ठा पाते हैं। भारतीय होने के नाते वे अपनी सेवाएं देश में क्यों नहीं देते? कारण बिल्कुल स्पष्ट है, हमारे देश में चिकित्सा के क्षेत्र की मौजूदा स्थिति। समय आ गया है जब हमारी सरकार देश के नागरिकों को न सिर्फ सामाजिक सुरक्षा प्रदान करने बल्कि सर्वोत्तम अस्पताल और चिकित्सा सुविधाएं मुहैया कराने के लिए बड़े पैमाने पर काम करे।

और गरीबों की भलाई के लिए इसे मुफ्त बनाए।

अध्याय 12

हमारी पृथ्वी का पारिस्थितिक संतुलन बहाल करना और पर्यावरण के नुकसान को रोकना

हम सभी उन समस्याओं के बारे में जानते हैं जिसे इंसानों ने, अधिक समय तक न चल सकने और गैर-नवीकरणीय तरीके से प्राकृतिक संस्थानों का बहुत अधिक दोहन कर खुद के लिए पैदा कर ली हैं। इस प्रक्रिया में उसने पर्यावरण को इस तरह प्रदूषित कर दिया है कि न सिर्फ इंसानों के लिए बल्कि धरती पर रहने वाले सभी पशु-पक्षियों और पेड़- पौधों समेत प्रत्येक जीवित प्रजाति के अस्तित्व पर भी संकट पैदा हो गया है।

हमें यह समझने की आवश्यकता है कि अन्य सभी प्रजातियों के साथ हम जिस धरती पर रह रहे हैं, वह ईश्वर से मिला हमें सबसे बड़ा उपहार है और एक मनुष्य होने के नाते यह हमारी सबसे बहुमूल्य पूंजी है। हम मनुष्य पत्थरों और धातुओं को बहुत महत्व देते हैं लेकिन क्या हम अपने सबसे अनमोल वस्तु की कीमत जानते हैं? हमारी धरती की कीमत समझते हैं? हमें ईश्वर ने जीने और आनंद उठाने के लिए धरती माँ को उपहार में दिया था। इस सत्य को न समझते हुए हमने सबसे अनमोल तोहफे का मोल नहीं जाना और इसे प्रदूषित करना एवं इस तरह से नुकसान पहुँचाना शुरु कर दिया कि एक प्रजाति के रूप में हमारे स्वयं का अस्तित्व ही संकट में आ गया। साथ ही इस ग्रह पर

सभी जीवों की नियति- सभी पेड़-पौधों और पशुओं के जीवन पर भी प्रश्न चिह्न लगा दिया। हमने इंसानों के सुख के लिए भौतिक सुख-सुविधा बनाने की होड़ में अपने पागलपन और हमारे इंद्रिय सुखों की पूर्ति की तलाश की रेलमपेल में पृथ्वी के संसाधनों का गैरजिम्मेदाराना और गलत तरीके से उपयोग किया। हम लगातार कम हो रहे अपने प्राकृतिक संसाधनों को आज भी बर्बाद कर रहे हैं। जैसे- जैसे हम उनका दोहन करते जा रहे हैं वैसे- वैसे वे दुलर्भ होते जा रहे हैं। और जब तक हम स्वयं द्‌वारा शुरु की गई विनाशकारी प्रक्रिया को बंद नहीं कर देंगे, अपने ग्रह के पतन को विपरीत दिशा में नहीं लौटा देंगे तब तक हम खुद के साथ- साथ इस ग्रह पर रहने वाले सभी जीवों के अस्तित्व को खतरे में डाले रहेंगे और वह दिन अब ज्यादा दूर नहीं।

चूँकि समस्याएं हमने ही पैदा की हैं, इसलिए इसका समाधान भी हमें ही ढूंढ़ना होगा। विडंबना यह है कि हमने जो समस्याएं पैदा की हैं उसका समाधान हमें पता है, ज्यादातर समाधानों के बारे में हम जानते हैं और हमें हमारी समस्याओं को दूर करने के लिए मात्र उन समाधानों को लागू करने की जरूरत है। विनाशकारी प्रक्रिया को रचनात्मक प्रक्रिया में बदलने के लिए केवल जागरूकता और उन्हें लागू करने की इच्छाशक्ति की कमी और पहले से ज्ञात समाधान के बारे में प्रबंधन अधिकारों में इन समाधानों की जानकारी का न होना मुख्य कारण है।

सबसे पहले समस्याओं की सूची बनाएं और फिर उनके समाधानों को लागू करने वाले अधिकारियों के साथ उन पर चर्चा करें। प्रकृति में अनेक समस्याएं हैं। सबसे पहले हमें हमारी धरती पर पौधे लगा कर नदियों के जल स्रोतों को सूखने से बचाना है। क्योंकि पेड़- पौधे ही हमारे सांस लेने लिए अनिवार्य ऑक्सीजन का मुख्य स्रोत होते हैं और यह न सिर्फ मनुष्यों के लिए बल्कि सभी पशुओं के लिए भी जरूरी है। हमारे अस्तित्व के लिए ऑक्सीजन पैदा करने के अलावा पेड़-पौधे भू-जल के स्तर को बनाए रखने के भी मुख्य स्रोत होते हैं।

भू-जल स्रोत नदियों से जुड़े होते हैं और नदियों के जल स्रोत का भी काम करते हैं और नदियों का पानी न सिर्फ इंसाने के बल्कि हमारी धरती के सभी पशुओं के भी पीने के पानी का मुख्य स्रोत है। जिस दर से जंगल खत्म हुए हैं वह चिंता का विषय है और इससे भी अधिक जरूरी है कि हम तत्काल जंगलों को काटे जाने से रोकें वर्ना पहले से ही कम हो चुके जल संसाधन पेयजल का भयंकर संकट पैदा कर देंगे।

जब लोगों को पानी की कमी होगी तब वास्तव में स्थिति बहुत चिंताजनक होगी। पानी हमारे साथ- साथ पेड़-पौधों और पशुओं के जीवित रहने के लिए अनिवार्य है। रेगिस्तान के जैसा बनता पर्यावरण विश्व की बढ़ती आबादी को भूखा मार देगा। ऑक्सीजन पैदा करने वाले जंगलों की कमी के साथ, हमारे द्वारा किए गए औद्योगिकीकरण के कारण प्रदूषित हवा में हमें सांस लेना होगा और ये प्रदूषित हवा हमारे मानव शरीर में कई प्रकार की बीमारियां पैदा कर देगा। इसकी वजह से बड़े पैमाने पर पेड़-पौधे और पशुओं की मृत्यु हो जाएगी। ग्रह के पारिस्थितिक संतुलन के खराब होने से हमारे ग्रह पर जीवन का विनाश हो जाएगा।

तो, तत्काल उपाय है कि- ज्यादा-से-ज्यादा पेड़ लगाएं, ताकि हम हमारे जल संसाधनों को बनाए रख सकें और फिर से उसे पानी से भर सकें। ताकि हमारी धरती पर पेड़-पौधों एवं पशु-पक्षियों के मौत के मुख्य कारणों में से एक, ऑक्सीजन पैदा कर प्रदूषित हवा को पर्याप्त शुद्ध बना सकें और कम प्रदूषित हवा में सांस ले सकें।

जहाँ तक सूख चुके जल संसाधनों, जिन्होंने हमारे विश्व में पहले से ही पानी की कमी पैदा कर दी है, को फिर से भरने की बात है, तत्काल उपाय है कि हम उन्नत तकनीक का प्रयोग कर बड़ी मात्रा में उपलब्ध समुद्र के पानी को, पहले से उपलब्ध छानने की विशेष प्रक्रिया द्वारा पीने लायक पानी में बदलें। यह प्रक्रिया सागर या समुद्र के पानी से लवण और अन्य अशुद्धियों को दूर कर देती है और उसे इंसानों के पीने लायक पानी बना देती है। इस तकनीक को यूके की

मैनचेस्टर यूनिवर्सिटी ने विकसित किया है और कार्बन के बहुत छोटे यौगिकों से बने छानने वाली इस सामग्री को 'ग्राफीन सीव/ ग्राफीन छननी' कहते हैं।

जहां तक बात नदी के जल और भू-जल को शुद्ध करने की है, प्रदूषित जल को शुद्ध बनाने के लिए अलग तकनीक उपलब्ध है। साथ ही उद्योगों से निकलने वाले गंदे पानी को जापानी तकनीक की मदद से पर्यावरण के अनुकूल तरीके से शुद्ध करने की आवश्यकता है। इस तकनीक में उद्योग के गंदे पानी को पर्यावरण को प्रदूषित न करने वाले रसायन में बदलने के लिए रिसाइकल या प्रसंस्कृत किया जाता है और इस रसायन को रिसाइकल भी किया जा सकता है। ये फैक्ट्री-संयंत्र प्रदूषित जल, विशेष रूप से नदियों के जल को भी शुद्ध करते हैं। यह हमारी नदियों को शुद्ध करने और हमारे देश में पानी की कमी से जूझ रहे लोगों या मर रहे लोगों की मांग को पूरा करने के लिए बड़े पैमाने पर समुद्र के पानी को शुद्ध कर पीने लायक पानी में बदलने का अच्छा उपाय है।

हम देखते हैं कि अलग-अलग कामों के लिए प्लास्टिक का बड़े पैमाने पर प्रयोग किया जाता है। चाहे वाटर बोतल हों, या कटलरी, पैकेजिंग के सामान या भंडारण आदि। लेकिन हम जिस प्लास्टिक का उपयोग करते हैं वह बायोडिग्रेडेबल नहीं होता। इसके लिए सबसे पहले हमें ऐसे प्लास्टिक को बनाना रोकना होगा जो न सिर्फ हमारी भूमि को बल्कि हमारे समुद्र को भी खतरनाक दर से प्रदूषित कर रहा है। हम मनुष्यों के लिए हानिकारक प्लास्टिक प्रदूषण का स्रोत है। इसका सीधा संबंध हमारे पर्यावरण को प्रदूषित करने से हैं जो प्लास्टिक को कचरे में फेंकने से होता है। बड़ी मात्रा में हानिकारक प्लास्टिक हमारे समुद्री जीवन को भी नुकसान पहुँचा रहे हैं, हमारे समुद्र के पानी में बड़े पैमाने पर तबाही मचा रहे हैं जिससे सभी समुद्री जीवों का जीवन संकट में पड़ गया है। इससे हमारे ग्रह का पारिस्थितिक संतुलन बिगड़ रहा है। प्लास्टिक के कचरे से होने वाले प्रदूषण को तीन तरीके से रोका

जा सकता है। सबसे पहले, हमें अपने सभी घरेलू और औद्योगिक उपयोग के लिए बायोडिग्रेडेबल प्लास्टिक के उपयोग को लोकप्रिय बनाना होगा। इस प्रकार के प्लास्टिक कचरे में फेंके जाने के बाद बहुत कम समय तक पृथ्वी की सतह पर रहे हैं। इसलिए, हम जिन भी उद्देश्यों के लिए प्रदूषित प्लास्टिक का प्रयोग कर रहे हों, उन सभी पर तत्काल प्रतिबंध लगाए जाने की आवश्यकता है। दूसरा, हमें बनाए जा चुके हानिकारक प्लास्टिक को रिसाइकल करने की आवश्यकता है ताकि हम उनका प्रयोग हमारी सड़कों को बनाने में कच्चे माल के रूप में कर सकें या फिर उन्हें जैव ईंधन में बदला जा सकता है। जैव ईंधन के रूप में, वे पर्यावरण को प्रदूषित नहीं करेंगे और जब सड़क बनाने के लिए कच्चे माल के रूप में प्लास्टिक का प्रयोग किया जाएगा तब इससे न सिर्फ खराब प्लास्टिक की मात्रा कम होगी और उसे रिसाइकल किया जा सकेगा बल्कि सड़कों भी बहुत उच्च गुणवत्ता वाली बनेंगी और खराब मौसम की वजह से सड़कों को होने वाला नुकसान भी बहुत हद तक कम हो जाएगा।

इस प्रकार विशेष रूप से बनाई गईं सड़कों को बारिश या दूसरे खराब मौसम से नुकसान नहीं होगा। इससे हम सड़कों की मरम्मत में खर्च होने वाले पैसे और मेहनत को ही नहीं बचाएंगे बल्कि प्लास्टिक का प्रयोग उपयोगी रूप से भी कर पाएंगे।

तीसरा काम है- समुद्रों में फेंके गए प्लास्टिक के कचड़ों की बड़े पैमाने पर सफाई। पर्यावरण की चिंता करने वाले लोग अपनी तरफ से यह काम कर रहे हैं। कुछ निजी संगठन और कुछ सरकारों ने भी समुद्रों की सफाई का काम शुरु किया है। वे बड़े पैमाने पर फेंके जाने वाले प्लास्टिक के कचरे को इक्ट्ठा करते हैं और हमारे समुद्रों और सागरों से जमा किए गए प्लास्टिक को रिसाइकल करने का प्रयास किया जा रहा है। इससे हमारे मूल्यवान समुद्री जीवों को नया जीवन मिला है। इस बारे में जागरूकता पैदा करना और समुद्रों से प्लास्टिक के कचरे को इक्ट्ठा करने की इस गतिविधि को बड़े पामने पर करने

के लिए विभिन्न संगठनों एवं देशों को शामिल करना, अधिक मायने रखता है। ये तीनों पहल प्लास्टिक प्रदूषण के कारण होने वाले पर्यावरण प्रदूषण को जल्द ही कम कर देंगे।

अगला है पर्यावरण को प्रदूषित करने वाले रबड़ और चमड़े की वस्तुओं का निपटारा। हालांकि चमड़ा प्राकृतिक कच्चा माल है लेकिन व्यावसायिक प्रयोग के लिए इन पर कारखानों में रसायनों का प्रयोग किया जाता है। जब चमड़े से बनी वस्तुओं को सामान्य रूप से फेंक दिया जाता है तब इससे बड़े पैमाने पर रसायनिक प्रदूषण फैलता है जो जीवन के लिए हानिकारक हो सकता है। यही समस्या है।

इसके अलावा, चमड़े के उत्पादन की वजह से बड़े पैमाऩे पर पशुओं की हत्या की जा रही है जो एक बार फिर हमारे ग्रह के पर्यावरण में पौधों एवं पशु जीवन के बीच का पारिस्थितिकीय संतुलन को बिगाड़ता है। लोगों द्वारा फिर से प्रयोग किए जाने के लिए चमड़े को प्रसंस्कृत करने की तकनीक और ज्ञान पहले से ही मौजूद है। कारखानों में इस्तेमाल किए जा चुके चमड़ों का प्रसंस्करण करने से चमड़े के लिए मारे जाने वाले जानवरों की संख्या में कमी आएगी। चमड़े को लाभ के लिए रिसाइकल किया जा सकता है, कुछ संगठन पहले से ही ऐसा कर रहे हैं। हमें केवल इस तकनीक के बारे में जागरूकता पैदा करने की आवश्यकता है और अक्सर फेंके जाने के लिए बनाई जाने वाली चमड़े की वस्तुओं का बड़े पैमाने पर रिसाइकलिंग करना। इससे समस्या का समाधान तो नहीं होगा लेकिन चमड़े की वस्तुओं के फेंके जाने से जो समस्या पैदा होती है उसकी मात्रा कम हो जाएगी।

दूसरा, रबड़ से बनने वाले सभी उत्पादों को, जैव-ईंधन में बदलने वाली तकनीक की मदद से जैव-ईंधन का स्रोत बनाया जा सकता है। हमने रबड़ से बने उत्पादों को फेंके जाने के कारण बड़े पैमाने पर हो रहे प्रदूषण को देखा है। इसलिए यदि इसे जैव-ईंधन में बदल दिया जाए तो ऐसा ईंधन रबर को पूरी तरह से खत्म कर देगा जो ऐसे ही फेंक दिए जाने पर जहरीला कचरा बन सकता था। इसके लिए

तकनीक उपलब्ध है। कुछ प्रमुख कंपनियां यह काम कर रही हैं। हमें सिर्फ रबड़ के कचरे से पैदा होने वाली समस्या को हल करने के बारे में जागरूकता पैदा करने और इस गतिविधि को बड़े पैमाने पर करने की आवश्यकता है।

अब बात करते हैं कारों और अन्य प्रकार के ऑटोमोबाइल ने निकलने वाले जहरीले धुएं से, जो हमारे ऑटोमोबाइल से गैस के रूप में बाहर निकलते हैं, होने वाले प्रदूषण के बारे में। समय के साथ परिवहन साधनों की जरूरत बढ़ेगी। यदि हमारी सभी कारें जीवाश्म- ईंधन पर चलने लगें तो वह दिन दूर नहीं जब इस पृथ्वी के वायु प्रदूषण का स्तर हमारे लिए बहुत खराब हो जाएगा। लेकिन ऑटोमोबाइल उद्योग ने इस समस्या का अच्छा समाधान दिया है और अब बिजली से चलने वाले वाहनों की संख्या बढ़ रही है। यहां तक कि हमारे देश में भी प्रधानमंत्री ने बिजली से चलने वाले सभी प्रकार के ऑटोमाबाइल वाहनों को बनाने और चलाने की पहल की शुरुआत की है। इससे जल्द ही परिवहन संबंधी जरूरतों के लिए बिजली की समस्या का हल हो जाएगा। चीन ने अपने देश में इलेक्ट्रिक वाहनों के विकास एवं व्यावहारिक उपयोग की दिशा में बहुत प्रगति की है, हमें उनके जैसा ही काम करने की जरूरत है। साथ ही उनके साथ तकनीकी समझौता करने की भी जरूरत है ताकि हम उनसे तकनीक प्राप्त कर सकें और हमारे देश एवं विश्व में परिवहन के क्षेत्र में जीवाश्व ईंधन से हो रहे प्रदूषण को कम करने के लिए इलेक्ट्रिक कारों के उपयोग का प्रसार कर सकें।

प्रदूषण का एक बड़ा स्रोत है- हमारे कई कामों के लिए जरूरी बिजली से जुड़ी हमारी आवश्यकताएं। इनमें सबसे पहला और मुख्य है- बिजली का कनेक्शन। यही कनेक्शन हमारे घरों, दफ्तरों, कारखानों सभी कुछ को चलाता है। सौर ऊर्जा प्रदूषण मुक्त बिजली उत्पादन का अधूरा विकल्प रहा है। लेकिन अपनी सीमाओं के कारण आज तक आधा ही सफल हो पाया है। अमेरिका के एक प्रमुख वैज्ञानिक का

मानना है कि हमारे भविष्य के लिए ऊर्जा उत्पादन हेतु सौर ऊर्जा एक मात्र अच्छा और व्यवहारिक विकल्प है। एलन मस्क के अनुसार, पूरे संयुक्त राज्य अमेरिका को बिजली की आपूर्ति करने के लिए बहुत थोड़ी सी जमीन, करीब 100 वर्ग मील जमीन की जरूरत होगी। इसमें भंडारण बैटरियों को लगाने के लिए अतिरिक्त 1 वर्गमील जमीन की जरूरत पड़ेगी। वे यह भी कहते हैं कि इसके साथ ही घरों में रूफ-टॉप सोलर और यूटिलिटी सोलर का प्रयोग किया जाना चाहिए ताकि पूरे संयुक्त राज्य अमेरिका में बिना किसी प्रदूषण के बिजली बनाई जा सके। हालांकि अभी यह एक महत्वाकांक्षी योजना है, फिर भी यह जीवाश्म ईंधन और परमाणु ऊर्जा जैसी प्रदूषण फैलाने वाले तकनीक की तुलना में वैकल्पिक ऊर्जा स्रोत के रूप में सौर ऊर्जा को चुनने से जुड़े तकनीकी महत्व को बताता है। यदि हमारी सरकार, देश में बिजली उत्पादन के अन्य प्रदूषित स्रोतों पर निर्भरता को कम करने के लिए सौर पैनलों एवं हर एक घर में प्रयोग किए जाने वाले जनरेटरों पर सब्सिडी के साथ कुछ प्रोत्साहन दे, तो यह एक अच्छा उपाय होगा। वैज्ञानिक एवं आविष्कारक एलोन मस्क द्वारा दिए गए प्रस्ताव की व्यवहारिकता का भी पता लगाया जा रहा है।

हम सभी जानते हैं कि हमारा बहुत सारा भोजन, शाकाहारी और मांसाहारी, कूड़े में फेंक दिया जाता है। इससे न सिर्फ बड़ी मात्रा में भोजन बर्बाद होता है बल्कि इससे बहुत सारा कूड़ा भी पैदा होता है जिसके प्रबंधन की जरूरत होती है। खाद्य पदार्थों के ये कचरे हम इंसानों में सभी प्रकार की बीमारियों और संक्रमणों एवं हानिकारक गैसों के उत्सर्जन का कारण बनते हैं। तो इस बारे में हम क्या करें? सौभाग्य से, इस समस्या का भी समाधान है; हमारे पास ऐसी तकनीक है जिसमें एक मशीन की मदद से सिर्फ एक दिन या 24 घंटे में खाद्य पदार्थों के कचरे को खाद में बदला जा सकता है। खाद्य पदार्थों के कुशल और उपयोगी निपटान के लिए इन मशीनें को हमारे घरों और रेस्त्रां में लगाया जा सकते है। जब खाद्य पदार्थ को खेती करने या पौधों में डालने के लिए इस तरह से खाद बनाया जाता है तो यह हमारे

खेतों और पौधों के लिए सबसे अच्छा खाद बन जाता है। यह हमारे खाद्य पदार्थों को उगाने के लिए रसायनों का प्रयोग कर कारखानों में बनाए जाने वाले हानिकारक उर्वरकों के उपयोग की जरूरत को भी कम कर देता है। ये उर्वरक भी प्रदूषण पैदा करते हैं और इसका स्रोत होते हैं। वास्तव में, अच्छी खेती और उपर की मिट्टी, पेड़-पौधों के लिए जरूरी ह्युमस से भरपूर इस प्रकार के खाद किसानों को बेचे जा सकते हैं, जो इससे अच्छी फसल पैदा करेगें। इस नई मशीन और तकनीक का नाम है जीरा फूड, व्हर्लपूल कॉरपोरेशन का रिसाइक्लर, इसे कंपनी के डब्ल्यू-लैब्स में तैयार किया गया है। खाद्य पदार्थों से खाद बनाने की इस प्रक्रिया को फूड कम्पोस्टिंग कहते हैं। हालांकि परंपरागत फूड कम्पोस्टिंग विधियां बहुत जटिल हैं और इनमें कीड़े-मकौड़े हो सकते हैं। साथ ही कम्पोस्टिंग की प्रक्रिया पूरी होने में आमतौर पर तीन से छह महीने का समय लग जाता है। लेकिन इस नई तकनीक और मशीन के जरिए, फूड कम्पोस्टिंग बहुत आसान हो गया है। खाद्य पदार्थ को सिर्फ 24 घंटों में खाद में बदल दिया जाता है। यह भोजन को फेंकने का अच्छा तरीका है। खाद्य पदार्थों को फेंकने से पर्यावरण में प्रदूषण फैलता है और संक्रमण एवं कीड़े-मकोड़े की संख्या बढ़ने का खतरा होता है। इन्हें व्यावसायिक स्तर पर बनाया जा सकता है और सभी घरों में इसे लगाया जा सकता है। फिर ये परिवार किसानों को उनकी जरूरतों के अनुसार बेच सकते हैं।

पर्यावरण को होने वाले नुकसान और पारिस्थितिक असंतुलन से निपटने के लिए इन कुछ प्रमुख समस्याएं पर रौशनी डाली गई है एवं कुछ नए समाधान और एक्शन प्वाइंट्स बताए गए हैं ताकि हमारे प्राकृतिक संसाधनों के ह्रास को रोका जा सके। यदि इन्हें युद्ध स्तर पर नहीं अपनाया गया तो जलवायु परिवर्तन जैसी गंभीर घटनाएं होंगी जो आज विश्व के बढ़ते तापमान, ग्लेशियरों के पिघलने और हमें सूर्य की हानिकारक किरणों से बचाने वाली ओजोन परत के कमजोर होने का मुख्य कारण है।

हमें अपनी धरती माँ को, अपने अस्तित्व का अनमोल धरोहर, ईश्वर से हमारे जीवन एवं आनंद के लिए मिला सबसे अच्छा उपहार मानना चाहिए। हम अब इसे और बर्बाद नहीं कर सकते। हमें पारिस्थितिकीय संतुलन बहाल करने, हमारी धरती पर शांति एवं आनंद के साथ अपने विश्व का उपयोग करने के लिए उपर बताए गए उपायों जैसे ही तत्काल कदम उठाने की आवश्यकता है। हमारी धरती पर पशु-पक्षियों और पेड़-पौधों के साथ परस्पर एक सौभाग्यशाली एवं समृद्ध अस्तित्व हमारे जीवन की सुंदरता के रूप में हमारे साथ है।

अध्याय 13

क्या हम इस पृथ्वी से अपराध, हिंसा को समाप्त कर सकते हैं? क्या यह संभव है? मुझे लगता है- हाँ

भारत के सबसे महान ज्ञानियों में से एक, भगवान बुद्ध ने एक बार कहा था, “जिसे आप स्वयं के लिए सत्य के रूप में महसूस या अनुभव नहीं कर सकते, उस पर विश्वास न करें।” मैं ऐसे ही स्वभाव के बारे में बात करने जा रहा हूँ।

अपराध और हिंसा का मूल कारण क्या है? समाज में अपराध और हिंसा कौन करता है? निश्चित रूप से, एक व्यक्ति और जब स्वभाव से हिंसक व्यक्तियों के समूह द्वारा इसे किया जाता है, तो इसे सोच-समझकर किया जाने वाला अपराध कहा जाता है। व्यक्ति या व्यक्तियों का समूह अपराध क्यों करता है? व्यक्ति के अपराधी बनने का उत्तर दो चरण वाली प्रक्रिया है।

उनके बारे में सबसे पहला महत्वपूर्ण तथ्य यह है कि उनका अपनी ज्ञानेंद्रियों या मन पर बिल्कुल भी नियंत्रण नहीं होता या बहुत कम नियंत्रण होता है। इस प्रकार जीवन जीते रहने पर उनके भीतर की अमानवीय प्रवृत्तियां उनका मुख्य स्वभाव बन जाती हैं। इसलिए, वे बिना जागरूकता एवं चेतना के जीवन जीते हैं। स्पष्ट है कि, उनके साथ ऐसा इसलिए होता है क्योंकि वे अपने जीवन की प्रक्रिया और हमारे अस्तित्व की मूल प्रवृत्ति से अनजान हैं। वे जो काम करते हैं

उसमें शारीरिक बल का अधिक प्रयोग करते हैं। ये कार्य उनकी वर्तमान परिस्थितियों से प्रेरित होता है और इसी कारण वे आवेश में आकर प्रतिक्रिया करते हैं। सबसे पहला सत्य जिसके बारे में उन्हें जानकारी नहीं है वह है उनका अपने इंद्रिय अंगों पर पूरा नियंत्रण स्थापित करने का महत्व। इसके अलावा, उन्हें सही उद्देश्य, जिसके लिए उन्हें अपने यौन अंगों का भी प्रयोग करना होगा, का भी पता नहीं होता। यानि, ये अंग सिर्फ वंश को बढ़ाने या जन्म देने के लिए बनाए गए हैं। वे इंद्रियों के सुख के भंवर-जाल में फंसते चले जाते हैं और इस प्रक्रिया में, कई अपराध कर बैठते हैं, जो दुख एवं सुख के बवंडर जैसा है, जो उनके जीवन से जीवंतता समाप्त कर रहा है, विनाश की तरफ ले जा रहा है और आखिरकार उनकी मृत्यु हो जाती है, या तो बीमारियों के कारण या कानून के माध्यम से। उनके जीवन में हमेशा भय और संदेह बना रहता है।

अपनी अमानवीय प्रवृत्तियों पर किसी प्रकार का नियंत्रण नहीं होने के कारण, योग की सकारात्मक एवं सूक्ष्म प्रक्रिया भी, जो किसी व्यक्ति के जागरूकता एवं चेतना में सुधार लाती है और इसके लाभ, उनसे कोसों दूर होते हैं। वे शारीरिक सुखों के जाल में फंसे हैं। यही उनके जीवन एवं अस्तित्व का मूल आधार बन जाता है।

लेकिन इंसान होना पशु होने के जैसा नहीं है। इंसानों में करीब-करीब सर्वोत्तम और असीमित बुद्धि होती है और इंसानों का मन एक बहुत शक्तिशाली साधन है। यदि इसे नियंत्रित नहीं किया गया, तो यह अपूरणीय क्षति कर सकता है, स्वयं की और अपने आस-पास रहने वाले लोगों की। दूसरी तरफ पशु हैं, उनकी अपनी सीमाएं हैं। जब उनका पेट भर जाता है, तब उनका उद्देश्य पूरा हो जाता है और वे आगे बढ़ जाते हैं। उनमें असीम संभावनाओं वाली बुद्धि नहीं होती, यह इंसानों की एक विशेषता है।

भूख मिटाना या अपने अस्तित्व को बनाए रखना एक इंसान के लिए महत्वपूर्ण है, लेकिन फिर, यह उसकी इच्छाओं की शुरुआत भर

है। अमानवीय प्रवृत्तियां या पाश्विक भावनाएं अहंकार, ईर्ष्या, जलन, क्रोध, नफरत, गर्व, लालच, स्वार्थ, सहानुभूति या करूणा की कमी, अशिष्टता, हावी होने की तीव्र इच्छा, लापरवाही, शोषण करने की प्रवृत्ति, अपनी नसों का नाश करने के लिए नशीले पदार्थों पर निर्भरता और सभी प्रकार के असामाजिक या अमानवीय व्यवहार, जिसके बारे में आप सोच सकते हैं। ऐसे कई व्यक्ति हैं जो इस प्रकार के अशिक्षित अस्तित्व के साथ जी रहे हैं। ऐसे ही लोग अपराध करते हैं और उनमें हिंसा की भावना सामान्य रूप से पाई जाती है। उनकी दूसरी प्रवृत्ति है अशिष्टता। वे कानून और पुलिस या प्रवर्तन अधिकारियों से बचने की कोशिश करते हैं। आखिरकार, वे कानून के शिकंजे में आ जाते हैं। उनके लिए किसी इंसान के जीवन की कीमत उनके मन के सुखों या भौतिक संपत्ति से कम महत्वपूर्ण होते हैं।

उनकी बुद्धि, उनका मन उनका सबसे बड़ा शत्रु/ दुश्मन होता है, इसकी मदद से ही वे सिर्फ अपना ही नुकसान नहीं करते बल्कि अपने आस-पास रहने वाले लोगों का भी नुकसान करते हैं। वे इनकी वजह से कष्ट पाते हैं।

तो हम ऐसे लोगों के लिए क्या करें जो असामाजिक तत्व बन चुके हैं और उनमें से ज्यादातर लोग खुले में घूम रहे हैं, समाज और उसकी संरचना को नुकसान पहुँचा रहे हैं? आज हमारे समाज का जो ढांचा है, उसमें समाज सिर्फ एक ही तरीके से ऐसे इंसानों को रोक सकती है या उनकी हिम्मत तोड़ सकती है, कानून सज़ा दिलवा कर। लेकिन यह काम नहीं आएगा, इससे सिर्फ अपराध और हिंसा के मामलों में कमी आएगी, यह उन्हें नहीं रोक पाएगा। यह ऐसे लोगों में डर पैदा कर कुछ समय के लिए व्यवस्था बनाए रखने का एक तरीका भर है। लेकिन क्या यह वास्तविक समाधान है? क्या इस प्रतिक्रियात्मक रणनीति की मदद से वास्तव में अपराध और हिंसा पर नियंत्रण किया जा सकता है? क्या अपराध करने की दर में कमी आई है और क्या वास्तव में यह इस समस्या का समाधान है? निश्चित रूप से, दंड देना

और कानूनी प्रक्रिया इसका एकमात्र समाधान नहीं है। इससे समस्या समाप्त नहीं होगी या उसका हल नहीं मिलेगा, बल्कि, अपराधी, कानून से बच निकलने के लिए अपनी बुद्धि का उपयोग करेंगे। चूँकि हम तकनीकी रूप से उन्नति कर चुके हैं और जीवन की प्रक्रिया विकास करने के साथ और जटिल हो जाती है, अपराधी और आधुनिक तरीके से अपराध करते हैं, कानून तोड़ते हैं और सज़ा से बच जाते हैं। वे बिना किसी रोकटोक के अपराध करना जारी रखते हैं। वे पुलिस से बचने की कोशिश करते हैं; और पहले से अधिक अपराध और हिंसक कार्य करने कि लिए वे सज़ा से बच कर अधिकारियों को मूर्ख बनाते हैं। स्पष्ट है कि, यह कोई समाधान नहीं है और कानूनी तंत्र एवं अपराध पर अंकुश लगाने वाली पूरी सामाजिक रूपरेखा, नाकामयाब है और कहीं से भी अपने उद्देश्य को पूरा नहीं कर पा रही है। अपराध की दर केवल बढ़ रही है और देश में बढ़ती जनसंख्या के साथ अपराध की दर में वृद्धि होगी।

तो क्या, इस सामाजिक समस्या का कोई वास्तविक समाधान है? क्या अपराध को लगभर पूरी तरह से नियंत्रित करने या रोकने और हमारी पृथ्वी से समाप्त करने का कोई तरीका है?

हाँ, है। निश्चित रूप से हर एक समस्या का हमारे स्रष्टा, हमारे ईश्वर ने समाधान दिया है। दो-तरफा दृष्टिकोण जरूरी है। सबसे पहले, हमें बीमारी को अपनी जड़ों को जमाने नहीं देना चाहिए; इसे इसकी आरंभिक अवस्था में ही समाप्त कर दिया जाना चाहिए। कहा जाता है कि- सावधानी बरतना अच्छा होता है। खैर, जीवन के शुरुआती वर्षों में, उम्र के अनुसार, बच्चों को प्रशिक्षित और शिक्षित एवं जीवन के सत्य का एहसास कराया जाना चाहिए। जब वे अपने यौवन अवस्था में पहुँचेंगे और उसे पार कर लेंगें और उनके हार्मोन्स उनकी बुद्धि पर आक्रमण करेंगे, तब उन्हें अपनी रसना (जिह्वा) पर कैसे नियंत्रण करना है, इस बारे में सिखाया जाना चाहिए। उन्हें वंश- वृद्धि के लिए बनाए गए अंगों का उचित प्रयोग करने और इंद्रिय सुखों की पूर्ति के

नुकसान के बारे में बताया जाना चाहिए। उन्हें विवाह के उद्देश्य और अपने खुद के परिवार का पालन- पोषण करते हुए, अपने वैवाहिक जीवन में ब्रह्म आचार्य व्रत का पालन करते हुए, अपनी जिम्मेदारियों को निभाते हुए वे कैसे एक खुशहाल और आनंद से भरा जीवन जी सकते हैं, इसके बारे में बताया जाना चाहिए।

और इस प्रक्रिया का दूसरा भाग, जो उतना ही महत्वपूर्ण है, जो इस शिक्षा से अलग है। वह है- उन्हें इनर इंजीनियरिंग या उनके अंतर्मन के विज्ञान को जानने एवं हमारे अस्तित्व की सच्ची प्रकृति के बारे में शिक्षा दी जानी चाहिए। योग का प्रशिक्षण उनकी जागरूकता एवं चेतना को शिखर तक पहुँचाएगा, एक इंसान होने के नाते समाज में उन्हें उनकी जिम्मेदारियों का एहसास कराएगा और पूरा तरह से एक इंसान के जैसे व्यवहार करने की क्षमता देगा। जब तक स्कूल आने वाले हर एक बच्चे के लिए ये दो प्रक्रियाएं, जिसमें इनर इंजीनियरिंग और बाहरी व्यवहार यानि अंतर्मन का विज्ञान और हमारे अस्तित्व की भौतिकता, दोनों पर ध्यान दिया जाता है, नहीं अपनाईं जातीं तब तक किसी भी व्यक्ति या बच्चे को औपचारिक समाज में एक व्यस्क के रूप में, जब तक वे इस प्रकार की जागरूकता और चेतना न प्राप्त कर लें, हमारे समाज में अपनी जिम्मेदारी उठाने के लिए प्रवेश करने की इजाजत नहीं दी जानी चाहिए। जो छात्र पूरी तरह से जागरूक और चेतन हों सिर्फ उन्हें ही औपचारिक समाज में प्रवेश करने का पास सर्टिफिकेट दिया जाना चाहिए। हर एक व्यक्ति के लिए 2-चरण वाली यह प्रक्रिया गारंटी देती है कि कोई भी व्यक्ति समाज के लिए बोझ नहीं बनेगा और सुनिश्चित करेगी कि वह मानव समुदाय की पूंजी है। इस औपचारिक व्यवस्था के स्थापित हो जाने के बाद, ये व्यस्क असफल नहीं होंगे और अपराध की दर लगभग शून्य हो जाएगी।

ऐसा पहले कभी नहीं किया गया था इसलिए हमारे समाज में नई व्यवस्था स्थापित करने में समय लगेगा। इंसानों के स्वभाव को

बदलने और उसमें सुधार करने की आवश्यकता है। लेकिन हमारे समाज में ऐसे लोग भी हैं जो स्कूली शिक्षा पूरा कर चुके हैं और हमारे औपचारिक समाज का हिस्सा बन चुके हैं। उनमें से ज्यादातर लोग विश्वसनीय जीवन जी रहे हैं लेकिन ऐसे लोग भी बड़ी संख्या में हैं जो निराशा में जीवन गुजार रहे हैं, जिन्होंने स्वयं को असफल व्यक्ति बना लिया है और कई लोग अपराधी बन चुके हैं और हिंसक व्यवहार करते हैं, तबाही मचाते हैं और पहले से ही हमारे समाज में अराजकता का मुख्य कारण बन चुके हैं। हम ऐसे लोगों का क्या करें?

सबसे पहले, इस प्रक्रिया को सार्वजनिक किए जाने की जरूरत है। समाज के हर एक व्यक्ति के लिए इनर और एक्सटर्नल इंजीनियरिंग, दोनों की ही प्रकृति एवं लाभ के ज्ञान को मुख्यधारा की शिक्षा में शामिल किया जाना चाहिए। दूसरा, ऐसे लोग जो बहुत बड़े अपराधी की श्रेणी में आते हैं, जो या तो जेल में है या मनोरोग वार्डों में, उन्हें उनके अपराधों की सज़ा दी जानी चाहिए। जिन लोगों का इलाज अशिक्षित रह जाने, जागरुकता और चेतना रहित जीवन जीने की वजह से पैदा हुए असंतुलन के लिए किया जा रहा है, उनके साथ एक औपचारिक समझौता किया जाना चाहिए और उन्हें अंतर्मन एवं बाहरी ज्ञान की शिक्षा दी जानी चाहिए ताकि वे सामान्य बन सकें। यह शारीरिक रूप से तंदुस्त लोगों पर लागू होता है, उन्हें शिक्षित करना संभव है और शारीरिक रूप से वे सीखने में भी समर्थ होते हैं।

मुझे पूरा विश्वास है कि बहुत समय से जेल में सजा काट रहे ज्यादातर अपराधियों को जीवन के सत्य का प्रशिक्षण और ज्ञान दे कर सुधारा जा सकता है। लेकिन जिन पर हत्या का आरोप लगा है और जो इसके दोषी पाए जाते हैं और जिन्हें मृत्युदंड दिया गया है, राहत के ये प्रयास उन पर लागू नहीं हो सकते। अन्य अपराधियों के लिए, यदि वे कई वर्षों से जेल में बंद हैं, सज़ा के रूप में, मुझे समझ नहीं आता कि उनमें सुधार क्यों नहीं हुआ। शैक्षणिक एवं प्रशिक्षण प्रक्रिया पूरी हो जाने के बाद, अच्छे आचरण के कारण, सज़ा की निर्धारित

समय-सीमा से कुछ पहले शायद उन्हें जेल से रिहा कर दिया जाए। इस प्रक्रिया की सफलता ही एक मात्र आधार है; अदालत द्वारा पहले से दिए गए निर्धारित वर्षों की उनकी सजा को कम किया जा सकता है।

वैसे लोग जो मानसिक अस्पतालों में हैं और जिनमें मानसिक रोग पाया गया है, उन्हें सुधारने के लिए और अस्तित्व की प्रकृति के सत्य को समझाने के लिए, अंतर्मन के विज्ञान की औपचारिक शिक्षा देने से पहले स्थिर स्थिति में लाने के लिए शायद दवाओं की जरूरत पड़े और जब वे सामान्य स्थिति में आ जाएं, और संतुलित हो जाएं, उन्हें एक बार फिर औपचारिक समाज में प्रवेश करने की अनुमति दी जाए।

व्यस्कों के लिए, जिन्हें इस प्रकार की मदद की आवश्यकता है, उनकी मदद करने के लिए, उनमें सुधार लाने के लिए, उन्हें सामान्य बनाने के लिए जबरदस्त प्रयास करने की जरूरत है, क्योंकि आपराधिक एवं हिंसक व्यवहार को समाप्त करने का यही एकमात्र रास्ता है।

बच्चों एवं किशोरों के लिए बनाई जाने वाली प्रक्रिया यथार्थवादी होनी चाहिए ताकि समाज के अपराधीकरण की पूरी प्रक्रिया धीरे- धीरे समाप्त हो जाए। जेलों और मानसिक अस्पतालों में रहने वालों के लिए, अपराध एवं हिंसा को समाप्त करने और उन्हें जीवन में एक और मौका देने के लिए औपचारिक समाज की तरफ से प्रयास किए जाने की आवश्यकता है।

ऐसा करने से समाज में एक मिसाल कायम होगी। ऐसी औपचारिक प्रक्रिया जो उन्हें उनके दुख से मुक्ति दिलाने के लिए मौजूद है, स्वयं, समाज में एक उदाहरण स्थापित करेगी और मध्यम जोन में आने वाले सभी व्यस्क, सत्य के प्रति मात्र अर्ध सचेत हैं, यह उन्हें प्रेरित करेगा, दोनों ही विज्ञानों का अभ्यास करने के लिए, विशेष रूप से उनके अंतर्मन और उनके जीवन से जुड़े सत्य को सीखने, समझने और अनुभव करने में और इससे यह प्रयास सफल बनेगा।

मुँह से बोले गए शब्द और इस प्रक्रिया के मुख्य उदाहरण एवं मनुष्यों की भलाई के लिए सच्चे सुख, आनंद, सौभाग्य और परमानंद से भरे जीवन को साकार करना एवं उसकी ओर बढ़ना, हमारे समाज और आने वाले अनंत काल तक हमारी मानवता के लिए इन परिवर्तनों को लाने का सशक्त प्रेरक होगा।

हमारे भारत की पवित्र भूमि पर बुद्ध के महान जीवन की एक घटना का वर्णन करता हूँ: हमें अंगुलिमाल के जीवन का उदाहरण कभी नहीं भूलना चाहिए। वह भगवान बुद्ध के सबसे धर्मनिष्ठ शिष्यों में से एक था। वह बहुत ही क्रूर व्यक्ति था- एक अपराधी था। बुद्ध से उसकी मुलाकात ने उसे पूरी तरह से बदल दिया। भगवान बुद्ध ने उसे जीवन के सत्य का बोध कराया और वह उनके ही जैसा एक पवित्र साधु बन गया। यदि ऐसा तब हो सकता था, कई हजार वर्षों पहले, तो क्या यह हमारे लिए उदाहरण नहीं बन सकता, इसे बड़े पैमाने पर दुहराने के लिए, हमारे आधुनिक विश्व में। निश्चित रूप से, चूंकि हम जानते हैं कि यह कैसे होता है और हम यह भी जानते हैं कि अपने लिए हम इसे कैसे प्राप्त कर सकते हैं, अभी क्यों नहीं? हमारे आज के आधुनिक समाज में महान बुद्ध ने जो अंगुलिमाल के लिए प्राप्त किया था, उसका अनुसरण करें।

मुझे पूरा विश्वास है, एक बार इस प्रक्रिया के लागू होने के बाद, अपराधी न सिर्फ हमें धन्यवाद देंगे बल्कि हमें सम्मान और अपना आशीर्वाद देंगे। उन्हें उनके दुख से बाहर निकालने और एक बार फिर से जीवन जीने का मौका देने के लिए हमें प्रेम करेंगे। क्या मानसिक अस्पतालों में भर्ती रोगियों को जीवन में दूसरा मौका मिलेगा! मुझे लगता है, सिर्फ उनकी दुआएं ही उनके लिए समाज द्वारा किए गए प्रयासों का फल होगा। आज हमें दुख देने वाले बीमार लोगों का उपचार करना। ईश्वर हम सभी को आशीर्वाद दें। हमारे इन अच्छे उद्देश्यों को जल्द-से-जल्द प्राप्त करने में समर्थ बनाएं।

अध्याय 14

सुखी दांपत्य जीवन एवं परिवार क्या है? हमारे जीवन की एक इकाई के रूप में, विवाह और परिवार नाम की संस्था की सफलता

शुरुआत से ही, सभी वर-वधू हमेशा एक साथ खुशी- खुशी रहने के उद्देश्य से विवाह करते हैं, हालांकि किसी भी धर्म में होने वाले विवाह समारोह में यही पवित्र प्रतिज्ञा होती है जिसे वर और वधू ईश्वर का नाम लेकर करते हैं।

लेकिन हम इस बात के गवाह हैं कि विवाह के बाद, ज्यादातर दंपतियों के बीच कुछ और ही हो जाता है। और यदि उनके बच्चे हों तो पति-पत्नि के बीच होने वाले झगड़े के कारण वे बच्चे दुख सहते हैं। यह समस्या आम तौर पर पति-पत्नि के बीच समझ की कमी के कारण होता है और समझ की यही कमी झगड़ा कराती है।

हालांकि भारत में, नुक्ताचीनी, पत्नी सहती है। परिवार के लिए वह समझौते करती है और अपने विवाह को बनाए रखने के लिए अपने पति की इच्छाओं के सामने झुक जाती है। महिला से इसी व्यवहार की अपेक्षा हमारे देश, हमारे समाज में की भी जाती है क्योंकि हमारी संस्कृति में विवाह और विवाह संबंध को बहुत महत्वपूर्ण माना जाता है। यह हमारे जीवन की सबसे मूतभूत इकाई है। इसे नहीं तोड़ा जाना

चाहिए। कम-से-कम हमारे देश में ज्यादातर लोगों के लिए तो यही सच है।

लेकिन अब हमारे आधुनिक समाज में, हमने पाश्चात्य संस्कृति को अपनाना शुरु कर दिया है और महिलाएं, कम-से-कम शहरों की महिलाएं, एक शिक्षित व्यक्तित्व होने के नाते, आत्मनिर्भर बन चुकी हैं और वे अपने जीवनसाथी से किसी प्रकार का मतभेद बर्दाश्त नहीं करतीं। इसके अलावा चूंकि कानूनी साधन, तलाक का विकल्प उपलब्ध है, इसलिए कई दंपति आखिरी विकल्प के रूप में इसे चुनते हैं और विवाह एवं परिवार नाम की हमारी युगों पुरानी संस्था को नष्ट कर देते हैं। पश्चिमी संस्कृति में, विवाह होना ही दुर्लभ होता है और पश्चिम के ज्यादातर देशों में विवाह नाम की संस्था समाप्त हो चुकी है।

विवाहित दंपतियों के बीच अलगाव का प्रभाव, यदि उनके बच्चे हैं तो बहुत दुखद होता है क्योंकि बच्चों को अपने माता-पिता के झगड़े, उनकी असफलता और परिवार के टूटने के कारण बहुत कष्ट उठाना पड़ता है। बच्चे यदि अपने माता-पिता के बीच होने वाले झगड़ों और आखिरकार उनके अलग होने की घटना के साक्षी बनते हैं तो इन सब का उनके मानसिक स्वास्थ्य पर बहुत गहरा प्रभाव पड़ता है जो उन्हें कमजोर बना देता है। यहां तक कि बिना औलाद वाले दंपतियों के लिए भी तलाक का रास्ता बहुत अधिक मनोवैज्ञानिक एवं भावात्मक ठेस पहुँचाने वाला होता है क्योंकि वे एक-दूसरे से अलग हो जाते हैं। आमतौर पर विवाहों के असफल होने का क्या कारण होता है, जिसकी वजह से एक इकाई के रूप में परिवार नाम की संस्था असफल रहती है? पति और पत्नि के बीच एक दूसरे पर आरोप लगाने का खेल, यह उनके खुद के, बच्चों के और परिवार के लिए भी दुखद है। यदि दंपति बिना संतान को जन्म दिए अलग हो जाते हैं, तब समस्या उतनी जटिल नहीं होती लेकिन यदि संतान होने के बाद तलाक होता है तो दंपति और उससे कहीं अधिक बच्चों के लिए, यह घटना उनके पूरे जीवन के लिए दर्दनाक घटना बन जाती है। तलाक का विशेष

प्रभाव कम उम्र वाले बच्चों पर सबसे अधिक पड़ता है, वे असहनीय भावनात्मक एवं मानसिक तकलीफ से गुजरते हैं। यह उनके आने वाले भविष्य, परवरिश एवं उत्तरजीविता को भी प्रभावित करता है। बच्चों के लिए, यह उनके माता-पिता द्वारा उन्हें दी गई सज़ा होती है, जो उन्हें सामान्य रूप से जीवन भर मिलती रहती है। भारतीय संस्कृति में, जहां परिवार जीवन की एक इकाई के रूप में काम करता है, बुनियाद है और परिवार की इकाई में किसी भी प्रकार की दरार या टूट, आमतौर पर जिनका परिवार टूटता है उनके लिए और उनके रिश्तेदारों के लिए एवं इस टूट के गवाह बनने वाले दोस्तों के लिए बहुत तकलीफ देने वाला होता है।

तो, अलगाव और तलाक क्यों होते हैं, विवाह सलाहकार इसे रोकने में अक्सर क्यों असफल होते हैं। तलाक का कारण मूल प्रवृत्ति है। गुस्सा और लड़ाई- झगड़े होते हैं और इससे दुख होता है, क्योंकि, विवाहित दंपति अपने जीवन की मूल प्रक्रिया की जानकारी नहीं रखते। सबसे पहले, उन्हें यह जानना होगा कि उन्होंने विवाह क्यों किया? उन्होंने प्रेम की वजह से विवाह किया या रिश्ते में बंधने और परिवार, जो चाहता है कि वे विवाह के बाद हमेशा सुखी रहें, के लिए अपने भीतर प्रेम पैदा किया। भारत में, ज्यादातर विवाह सिर्फ इसलिए नहीं टूटते क्योंकि एक इकाई के रूप में परिवार के साथ कुछ भावनाएं जुड़ी होती हैं। यह बहुत अच्छी बात है। हालांकि, परिवार में एकता बनी रहती है फिर भी दंपति के बीच मनमुटाव होता रहता है। हालांकि तलाक से बचा जाता है लेकिन विवाहित जीवन में ज्यादातर समय उनके बीच लगातार झगड़े होते रहते हैं और इसे भी हमारे समाज में पति और पत्नि के बीच सामान्य समझा जाता है, लेकिन यह स्थिति अपने घर में ऐसे झगड़ों के गवाह बनने वाले बच्चों को बहुत बुरी तरह से प्रभावित करती हैं।

हमारे भारतीय समाज एवं संस्कृत और विदेशों में महामारी बन चुकी इस समस्या का क्या समाधान है। एक विवाह में, हालांकि कानूनी

मंजूरी दी जाती है, पति और पत्नि के बीच शारीरिक सुख मुख्य उद्देश्य बन जाता है। और लगता है विवाह करने के बाद इस सुख को प्राप्त करने का लाइसेंस मिल जाता है। ऐसी ही समस्या की व्याख्या पहले भी गई है- जन्म देने के लिए बने अंग का उपयोग वंश-वृद्धि के लिए होता है और ये अंग एक खुशहाल परिवार बनाने के लिए सिर्फ बच्चों को जन्म देने के लिए बनाए गए हैं और इनका प्रयोग यौन सुखों का अनुभव करने के साधन के रूप में नहीं किया जाना चाहिए।

एक बार जब पति और पत्नी गलत काम करना शुरु कर देते हैं, तो दोनों में उत्तेजना पैदा हो जाती है, जो दोनों के स्वास्थ्य को नुकसान पहुँचाती है, विवाह कहा-सुनी में बदल जाती है जिसमें एक पक्ष दूसरे पर हावी होने का कोशिश करता है। उनमें अहंकार आ जाता है, जिसकी प्रवृत्ति बर्बाद कर देने वाली होती है। घर के छोटे-मोटे काम में भी झगड़े शुरु हो जाते हैं क्योंकि दोनों ही के लिए वे काम चिढ़ पैदा करने वाले बन जाते हैं, क्योंकि दोनों ही के शरीर काम करने में असमर्थ हो जाते हैं और वे तनावपूर्ण स्थिति तलाशना शुरु कर देते हैं, फिर अधिकारों की लड़ाई होती है और जैसे- जैसे उत्तेजना बढ़ती है, आए दिन खुलेआम झगड़े होने लगते हैं, पति अपनी पत्नी से कहा-सुनी करने लगता है या उसकी पिटाई कर देता है और फिर उन दोनों में अपने बच्चों के साथ बुरा बर्ताव करने की प्रवृत्ति जन्म ले लेती है।

तो फिर इसका क्या समाधान है। निश्चित रूप से, समाधान शारीरिक सुखों का त्याग करने और ब्रह्म आचार्य व्रत का पालन करने में है, तब भी जब वे गृहस्थ बने रहें और परिवार से जुड़े रहें। और कुछ दंपतियों में, यदि उन्होंने अपनी ज्ञानेन्द्रियों पर नियंत्रण नहीं प्राप्त किया है तो इससे पहले कि उनका विवाह असफल हो जाए और उनके उत्तेजित व्यवहार के कारण बच्चे बुरी तरह से प्रभावित हों, उन्हें यह नियंत्रण प्राप्त कर लेना चाहिए। अच्छे कर्म को प्रभावशाली बनाने के लिए बताई गई तीन-चरण वाली प्रक्रिया का पालन करना चाहिए।

जब ब्रह्म आचार्य व्रत का पालन करने के कारण उत्तेजना की प्रवृत्ति शांत हो जाती है, ये सभी आरंभिक समस्याएं जैसे अहंकार और ऐसे कई कारण जिनकी वजह से झगड़े होते हैं, समाप्त हो जाएंगे, क्योंकि दोनों का शरीर बीमारी से ठीक हो चुका होगा और काम करने की क्षमता वापस आ चुकी होगी। झगड़े के सभी मूल कारण समाप्त हो जाएंगे। इसके बाद उनका ध्यान अपने बच्चों की परवरिश में लगेगा। घर में प्रेम एवं देखभाल का अच्छा माहौल लौट आएगा। माता-पिता के व्यवहार एवं उनकी देखभाल के कारण बच्चे अच्छा उदाहरण बनेंगे। वे अपने स्कूल की पढ़ाई में सर्वोत्तम प्रदर्शन करना शुरु कर देंगें और अपने घर में प्यार एवं सम्मान का अनुभव करेंगे।

बच्चे अपने व्यवहार में संतुलन और चरित्र का विकास करेंगे और अपने दोस्तों एवं रिश्तेदारों से उन्हें वाहवाही मिलेगी। घर में सकारात्मक एवं रचनात्मक माहौल बन जाएगा। इस प्रकार की योग्यता एवं सौभाग्य के साथ घर और परिवार मंदिर के जैसे हो जाएंगे।

एक दूसरा चरण भी है- वह है परिवार में माता-पिता का कर्तव्य, बच्चों को अपनी जिम्मेदारी मानना। उन्हें बच्चों को वही मूलभूत जानकारी देने की जरूरत है जिनके बारे में वे जानते हैं और जिन्हें उन्होंने अपने जीवन में जीया है ताकि, जीवन के प्रारंभिक चरण में ही उनके बच्चों को अच्छी शुरुआत मिले और वे पूरे आत्मविश्वास एवं सफलता की निश्चित गारंटी के साथ औपचारिक समाज में प्रवेश करने के लिए तैयार हों।

उन्हें अपनी रसना (जिह्वा) पर नियंत्रण कर अपने संवेदी अंगों पर नियंत्रण प्राप्त करने के महत्व को समझने की जरूरत है। उन्हें वंश-वृद्धि के लिए बनाए गए अंगों का सही प्रयोग करने और उन्हें किस लिए बनाया गया है, इस बारे में समझाए जाने की आवश्यकता है। फिर उन्हें अंतर्मन या इनर इंजीनियरिंग या योग के विज्ञान को सीखाना चाहिए और वे अपने माता-पिता के मार्गदर्शन में पूर्ण जागरुकता एवं चेतना का लाभ जरूर प्राप्त कर पाएंगे। जो माता-

पिता, अपने बच्चों से प्यार करते हैं, वे अपने बच्चों को हमारे देश के जिम्मेदार नागरिक बनाने के उत्तरदायी हैं और बाहरी विज्ञानों या परंपरागत शिक्षा दिलाने के अलावा बच्चों के माता- पिता की मुख्य जिम्मेदारी है कि वे बच्चों में सफलता के साथ जीवन जीने की क्षमता विकसित कर सकें। एक माता-पिता हमेशा अपने बच्चों पर गर्व महसूस करना चाहते हैं। ऐसा सुनिश्चित करने वाले साधन माता-पिता के हाथों में ही है, जो अपने बच्चों के जीवन को प्रभावित करने वाले और देखभाल देने वाले स्रोत हैं। किसी भी जिम्मेदार माता-पिता का यह पहला कर्तव्य है कि वह अपने बच्चे में उन गुणों का विकास करे जो पूरे समाज के लिए सराहनीय हो।

एक माता-पिता को अपने बाद, उपहार के रूप में बच्चों के लिए ढेर सारा पैसा या धन छोड़ कर जाने की जरूरत नहीं है। किसी भी माता-पिता के लिए अपने बच्चों के लिए एकमात्र अनमोल उपहार होगा कि वे अपने बच्चों को जीवन का मूल ज्ञान दें और सुनिश्चित करें कि वे अपने पीछे जिम्मेदार बच्चों को छोड़ जाएं जो अपनी जिम्मेदारी को उठाने में सक्षम हों और अपने माता-पिता द्वारा पूरी चेतना के साथ लाए गए विश्व में आत्मविश्वास के साथ अपना ध्यान रख सकें। यह सबसे बड़ा और एक मात्र अनमोल उपहार होगा जिसे एक प्रेममय माता-पिता को अपने पीछे छोड़ जाना चाहिए या अपने बच्चों को देना चाहिए। निश्चित रूप से यह प्रेम करने वाले माता-पिता द्वारा अपने बच्चों को दिया सबसे अच्छा आशीर्वाद होगा।

अध्याय 15

हम जन्म क्यों लेते हैं और हम कहां से आते हैं? और मृत्यु के बाद हम कहाँ चले जाते हैं?

1. हमारी प्राचीन भारतीय विद्या कहती है- सिर्फ उसी पर विश्वास करो जिसे तुम अपने जीवन में सत्य के रूप में महसूस और अनुभव कर सको। किसी भी व्यक्ति या ज्ञान के किसी भी ऐसे स्रोत का विश्वास मत करो जब तक तुम्हें सत्य का अनुभव न हो।

2. क्या यह सत्य है कि हम इस दुनिया में खाली हाथ आते हैं? और इसी तरह हम खाली हाथ ही इस दुनिया से चले जाएंगे? हमने अपनी माँ के गर्भ में जन्म लिया, वहाँ मिलने वाले अंश का हिस्सा बने, शिशु के रूप में बड़े हुए, जन्म लिया, धरती का अंश होने के कारण खाना खाया और सच कहें तो हमने हमारे जन्म लेने के साथ ही हमारे शरीर और हमारे मन को धरती से ही बनाया। तो क्या यह स्पष्ट नहीं है कि हम शरीर और मन से परे हैं? और जब हमारी मृत्यु होती है, तब हमने एक ऋण के रूप में जमा किए गए इस पृथ्वी को वह ऋण लौटाते देते हैं? जब हमारी मृत्यु होती है तो हमारे साथ क्या जाता है? हमारा नाम भी तो नहीं जाता। इसलिए हमारी मृत्यु के बाद हमारा नाम और प्रतिष्ठा भी बेमानी हो जाते हैं। लेकिन हम अपनी मृत्यु के साथ

एक चीज निश्चित रूप से अपने साथ ले जाएंगे और वह है हमारे कर्म। हमारे मरने के बाद, यदि हमने अच्छे कर्म किए हैं तो वह हमारे साथ जाएगा, और यदि बुरे किए हैं, तो वह भी हमारे साथ ही जाएगा। हमारे कर्मों के अनुसार हम फिर से जन्म लेते हैं; उन परिस्थितियों में हम अपना अगला जन्म पाते हैं। अच्छे कर्म के साथ हम अच्छे परिवार में जन्म लेते हैं, अच्छी परिस्थितियों में, अतीत के बुरे कर्म के साथ, हम कठिन या प्रतिकूल परिस्थितियों में जन्म लेते हैं।

3. हमारे जीवन में, हर एक व्यक्ति अपने जीवन के कर्मों को लिखने के लिए नए कार्मिक स्लेट के साथ जन्म लेता है और वर्तमान जीवन का कार्मिक खाता बनाता है। कर्म का नियम जीवन को खेल के एक मैदान जैसा बना देता है, यह हम सभी को समान बनाता है। बुरे कर्म करने पर संपन्न व्यक्ति गरीब बन सकता है और इसी तरह, जीवन में अच्छे कर्म कर एक गरीब और मुश्किलों में जीने को मजबूर व्यक्ति इतनी तरक्की कर सकता है कि पूरी दुनिया उसकी प्रशंसा करने लगेगी और वह सभी के लिए प्रेरणा का स्रोत बन सकता है।

4. यह हमारे द्वारा निर्मित शरीर और मन ही है जो एक जीवित प्राणी या मनुष्य को दूसरे से अलग बनाता है। चूंकि हमारा शरीर एक आकार लेता है, पृथ्वी से बना आकार, जिसका प्रयोग हमने हमारे शरीर और मन को बनाने में किया। एक इंसान का दूसरे इंसान से अलग होने का यही कारण है। इसलिए यदि हम शरीर और मन को निकाल दें तो हम सब एक हो जाएंगे- सभी मनुष्यों और जीवित प्राणियों में एकता होगी, हर एक मनुष्य की आत्मा में एकता। हमारी एकता एक ही ईश्वर के अंश के रूप में दिखाई देगी। जैसे ही हम अपना शरीर और मन का त्याग करते हैं, जिसे हमने इस धरती से बनाया था, मृत्यु के साथ ही यह आकार विलीन हो जाता है। हम हमारे शरीर और मन के बिना ईश्वर के

अंश के रूप में हम अकेले और अभिन्न हो जाते हैं। इस प्रकार सभी मनुष्यों और जीवित प्राणियों के लिए हमारी एकता इतनी सरल है।

5. हमने जन्म क्यों लिया है? हम कैसे पैदा हुए हैं? हम कहाँ से आते थे? इन प्रश्नों का उत्तर बहुत साधारण है, ईश्वर के अंश के रूप में या आप कह सकते हैं कि ईश्वर ने हमारे जन्म का निर्णय लिया था, इस रूप में जीवन का अनुभव और आनंद लेने के लिए। इसलिए हमने जन्म लिया, हमने केवल इस शरीर को बनाने के लिए जन्म लिया, क्योंकि हम ऐसा करना चाहते थे। यही हमारी इच्छा थी। बहुत आसान है। हमने जन्म लेना ही क्यों चुना? हमने जन्म लेना इसलिए चुना क्योंकि हम जीवन का अनुभव और आनंद लेना चाहते थे। यह इतना आसान है। हम कहाँ से आते हैं? स्रोत एक ही है- ईश्वर- जिसके हम अंश हैं। इसलिए, दूसरे शब्दों में कहें तो ईश्वर जीवन का अनुभव करना और इसका आनंद उठाना चाहते हैं, इसलिए हमारा जन्म हुआ। और इसलिए जब हम इस जीवन को जीने और उसका अनुभव लेने के बाद मरते हैं, हम वहीं लौट जाते हैं जहां से हम सब आए थे- उसी स्रोत में- ईश्वर या प्रभु में। हम सिर्फ इसलिए अलग दिखते हैं क्योंकि हमने जिस प्रकार अपने शरीर और मन को तैयार किया है, वह अलग दिखता है, हमारे विचारों और हमारे आकार के कारण। अन्यथा यदि इन्हें हटा दिया जाए तो हम सब एक हैं और समान हैं। यहाँ तक कि हम जिस धरती का उपयोग इस शरीर को बनाने के लिए करते हैं, वह भी एक है, अंतर मात्र जीवन के बारे में हमारी व्यक्तिगत धारणा का है।

6. फिर आप पूछ सकते हैं कि, जो सभी सत्य की व्याख्या नहीं कर सकता। हमारे आस-पास मौजूद यह निर्जीव वस्तु क्या है? यह कहाँ से आता है? क्या यह हम जीवित प्राणियों को अलग नहीं करता? इसके लिए हमें एक मूलभूत प्रश्न का उत्तर देना होगा-

क्या इस दुनिया की सभी निर्जीव वस्तुएं अस्तित्व में होंगी यदि हम उन्हें जीवित प्राणियों के रूप में महसूस करने के लिए नहीं होंगे तो? यदि हम इसका अनुभव करने के लिए मौजूद नहीं होंगे तो उसका अस्तित्व या कोई महत्व नहीं रह जाएगा। इसलिए, इस निर्जीव वस्तु को ईश्वर या ईश्वर के अंश के रूप में हमने बनाया था ताकि हम जीवन का अनुभव कर सकें और आनंद उठा सकें। इसलिए, यह सभी निर्जीव वस्तु हमारा ही अंश है जिसे ईश्वर ने जीवन का अनुभव लेने के लिए बनाया है। इसलिए, निर्जीव वस्तु का निर्माण उद्देश्य के साथ किया गया था- ईश्वर ने इसकी रचना जीवन का अनुभव लेने के लिए की थी। और ईश्वर हम मनुष्यों या जीवित प्राणियों के माध्यम से जीवन का अनुभव करते हैं और जीवन का आनंद उठाते हैं। यह निर्जीव वस्तु सभी रचनाओं का आधार है। बस इतना ही।

7. तो फिर हम एक दूसरे से जो प्रेम महसूस करते हैं, एक दूसरे की परवाह करते हैं, दूसरों से सहानुभूति रखते हैं, दूसरों के लिए करुणा का अनुभव करते हैं, वह क्या है? यह कुछ और नहीं हमारी एकता को भाषा के रूप में व्यक्त करने की अभिव्यक्ति मात्र है। यह हमारी एकता की अभिव्यक्ति है, जो हमारे अस्तित्व की सच्ची प्रकृति का आधार है। हम सब एक हैं और चूंकि हम सिर्फ इस शरीर और मन, जिसे हमने जीवन अनुभव लेने के लिए खुद बनाया है, की वजह से ही अलग लगते हैं। प्रेम, परवाह, सहानुभूति, करूणा, एक दूसरे से हमारी एकता व्यक्त करने का तरीका है। इसलिए एक दूसरे के लिए प्रेम और परवाह की भाषा- वास्तव में प्रभु या ईश्वर की भाषा है। इसलिए अच्छा और बुरा भी इसी तरह से होता है, इसके साथ- जब हम चेतना में होते हैं- एक दूसरे के लिए अपने प्रेम या एकता को व्यक्त करते हैं। जब हम चेतना में नहीं होते या जीवन के सत्य से अनजान होते हैं, जीवन के सत्य से अनजान होते हैं, हम बुरे होते हैं, एकता या प्रेम को नहीं पहचान पाते, यह हमारे चरित्र की विशेषता है। हम

एक दूसरे के खिलाफ हो जाते हैं या बुरे काम करते हैं और एक दूसरे को, विचारों, अपनी हरकतों या शब्दों से नुकसान पहुँचाते हैं। जिसे ही हम बुरा कहते हैं। इसलिए हमारे जीवन में अच्छा और बुरा इसी प्रकार होता है। यही अच्छे और बुरे कर्म का राज है।

8. फिर प्रश्न उठता है कि क्या ईश्वर या प्रभु का कोई आरंभ या अंत है? हमें ऐसा लगता है? इस प्रश्न का उत्तर बहुत स्पष्ट है- हमारे जीवन का एक आरंभ और एक अंत होता है। हम जन्म लेते हैं और फिर हमारी मृत्यु हो जाती है, हमारे द्वारा बनाए गए शरीर और मन की। लेकिन ईश्वर या प्रभु का आरंभ या अंत कैसे हो सकता है। ईश्वर की प्रकृति अनंत है। उसके द्वारा बनाई गई हर एक वस्तु की प्रकृति अनंत है। इसलिए रचनाकार के रूप में या उनके अंश के रूप में हमारा कोई आरंभ या अंत नहीं है। हम अपनी प्रकृति से अनंत हैं। और हमारे आस-पास की सभी निर्जीव वस्तुओं की प्रकृति भी अनंत होती है। ईश्वर कभी अस्तित्व में नहीं आए क्योंकि वे अनंत हैं। अनंत होने के कारण ही ईश्वर का कोई अंत भी नहीं। ईश्वर हमेशा थे और हमेशा रहेंगे, अनंत रूप में। इस शरीर और मन को बनाने वाले हम भी इसी तरह अनंत हैं लेकिन हमने जीवन का अनुभव करने के लिए स्वयं के लिए जिस शरीर और मन का निर्माण किया है, यदि वह निश्चित है- तो उसका जन्म होता है और मृत्यु भी। जैसे ही हम अपना शरीर त्याग देते हैं, हमारा कथित अंत हो जाता है, जो अपनी प्रकृति से सीमित है। ईश्वर का अंश होने के नाते हम जानते हैं कि मृत्यु जैसा कुछ नहीं। यह मात्र हमारा शरीर और मन है जो जीवन के अनुभव के बाद मर जाता है।

9. हमारे जीवन के उद्देश्य का क्या? जीवन के साथ हमें क्या करना है? जन्म लेने का यह प्रयास क्यों? हम जीवन का अनुभव करना चाहते हैं और हम अपने अस्तित्व का उत्सव मनाने के लिए जन्म

लेते हैं। हम अपने अस्तित्व का उत्सव कैसे मनाते हैं? ईश्वर के अंश के रूप में? हम खुशी, हर्ष, आनंद, शांति, सफलता का अनुभव करना चाहते हैं और सबसे महत्वपूर्ण बात, हम अपने जीवन के अनुभव का आनंद लेना चाहते हैं। क्या हम अपने जीवन में ऐसा कोई काम करेंगे जिसे करने में हमें आनंद का अनुभव न हो? अगर हम ऐसा करते हैं तो हम अपना जीवन बर्बाद कर रहे होंगे। इसलिए, मूल रूप से, हर एक व्यक्ति अपने जीवन का पूरा आनंद लेना चाहता है। वास्तव में, हमने हमारे सीमित जीवन के आनंद का अनुभव करने के लिए अपने शरीर और मन को बनाया है। हम इस जीवन के एक पल को भी बर्बाद नहीं करेंगे, ऐसा काम करके जो हमें आनंद न दे, क्या यह सच नहीं है? जीवन का यही उद्देश्य है। और हम अपने जीवन के साथ क्या करना चाहते हैं। हम जीवन का आनंद लेना चाहते हैं। कितना आसान है। हम वास्तव में अपने जीवन का आनंद कैसे ले सकते हैं? जैसा कि हम में से ज्यादातर लोग सोचते हैं, यह हमें यौन सुख का अनुभव करने से नहीं मिलेगा। किसी भी इंसान को परम आनंद की प्राप्ति सिर्फ तभी हो सकती है जब वह किसी दूसरे इंसान या जीवित प्राणी से प्रेम करे और उसकी परवाह करे, दोनों के बीच समानता को व्यक्त करे। सच्चा आनंद दूसरों को खुशी का एहसास करने में मदद करने से मिलता है। और यौन सुखों के रूप में आनंद प्राप्त करना, केवल दुख का रूप है। जीवन का आनंद नहीं। यह भी सच है कि जब आप दूसरे व्यक्ति के दुख को दूर करने में मदद करते हैं, दूसरों की मदद करते हैं, तब आपको ईश्वर का सच्चा आशीर्वाद मिलता है, जीवन का सच्चा आनंद प्राप्त होता है। जीवन का आनंद लेने का यही एकमात्र रास्ता है- दूसरों से प्रेम करना और उनकी परवाह करना। इस प्रकार, हमारे भीतर सभी के लिए समरूपता को लागू करना।

10. हम जो अपने जीवन में विकास देखते हैं, वह क्या है? समय के साथ हम और अच्छी तरह से अपने शरीर को आकार दे

पाते हैं। चूंकि, हम जीवन का अनुभव और आनंद करने के अधिक विवेकपूर्ण तरीकों को प्राप्त कर लेते हैं। इससे हमारा जीवन और समृद्ध हो जाता है। जैसे- जैसे हम निर्जीव वस्तुओं, जो स्वभाव से अनंत होती हैं, का बेहतर उपयोग करना सीखते जाते हैं, वैसे- वैसे हम जीवन का आनंद लेने के और अच्छे तरीके ढूढ़ते चले जाते हैं। हम विकास करते हैं क्योंकि हम अपने जीवन एवं हमारे साथ जीने की तकनीक यानि निर्जीव वस्तुओं का बेहतर अनुभव और आनंद प्राप्त करना चाहते हैं। समय के साथ इसमें प्रगति होती है। इसलिए हम जिस प्रकार जीवन का अनुभव प्राप्त करते हैं, वह पूरी तरह से बदल जाता है। हम हमारे शरीर और मन का विकास करते हैं, जैसे इसका विकास होता है और तकनीक में उन्नति के माध्यम से निर्जीव वस्तुओं के रख-रखाव के मामले में भी विकास होता है।

11. फिर अधिक-जनसंख्या क्या है? क्या इस पर नियंत्रण किए जाने की जरूरत है? हम अनजाने में या जानबूझ कर अपनी जनसंख्या बढ़ा रहे हैं। समस्या यह है कि पूरी मानवता इस मुद्दे पर पूरी तरह से जागरूक नहीं है और परम ब्रह्म के अंश के रूप में हम, यह स्वीकार किए बिना कि धरती पर उपलब्ध संसाधन सीमित हैं और यदि जनसंख्या को नियंत्रित नहीं किया गया तो यह समाप्त हो जाएंगे, लगातार अपनी जनसंख्या बढ़ा रहे हैं। एक व्यक्ति के रूप में हम जागरूक हैं लेकिन एक मानवता के रूप में नहीं। इसलिए, शासन करने वालों द्वारा जनसंख्या को नियंत्रित करने के लिए कदम उठाया जाना चाहिए। धरती पर हमारे दैनिक जीवन को बर्बाद कर सकने वाले जनसंख्या विस्फोट के होने में अभी भी समय है लेकिन हमें अभी से ही स्थिति में सुधार करना आरंभ कर देना चाहिए ताकि उस संभावना को समाप्त किया जा सके।

इसके साथ ही, मैंने अपने जीवन के अनुभव और समझ से, जिसे मैंने अपने जीवन में सच्चा पाया, उसके आधार पर हमारे जीवन से जुड़े कुछ मूलभूत प्रश्नों का उत्तर दिया।

अध्याय 16

ईश्वर की दिव्य भाषा: हम ऐसा क्यों करते हैं? क्या हम मूर्खतापूर्वक अपने जीवन में इस जादू को भूल जाते हैं?

ईश्वर की दिव्य भाषा क्या है? इसका अनुमान लगाने का प्रयास करें! निःसंदेह, ईश्वर की दिव्य भाषा प्रेम, सम्मान और देखभाल से बोले गए शब्द हैं!

यह एक ऐसी भाषा है जिसमें जादू है, जब भी आप इसका प्रयोग करेंगे तो यह आपको जीवन में कभी असफल नहीं करेगी। ईश्वर ने ही हमें यह भाषा दी है, हम इसका प्रयोग बहुत कम करते हैं और कई बार तो इसका प्रयोग करना ही भूल जाते हैं। हम ईश्वरीय भाषा को भूल जाते हैं।

मनुष्य को ज्ञात सभी भाषाओं में से, यह सबसे महान भाषा है, और यदि आप इसका उपयोग करते हैं, तो इस दुनिया में जीत हमेशा आपकी होगी। जब आप प्यार, सम्मान और देखभाल से बोलते हैं, दूसरों के प्रति कुछ ज़िम्मेदारी दिखाते हैं, तो आप यह मान सकते हैं कि भगवान आपके माध्यम से बोल रहे हैं। तो, आपका उद्देश्य पूरा हो गया. खैर इस भाषा का उपयोग करने का उद्देश्य भी योग्य होना चाहिए।

हम अपने जीवन में दूसरों के साथ कई संघर्षों का सामना करते हैं, हम आम तौर पर जीतने के लिए लड़ते हैं, लेकिन मान लीजिए, आप लड़ना छोड़ देते हैं, और इसके बजाय विपरीत व्यक्ति से प्यार, सम्मान और देखभाल के लिए बोलते हैं, बस देखें क्या होता है!, जादू शुरू होता है काम करते हुए, वह भी प्यार और सम्मान से जवाब देता है और फिर, आश्चर्यजनक रूप से, आप दोनों एक सौहार्दपूर्ण और प्रेमपूर्ण समाधान ढूंढते हैं जो आप दोनों को स्वीकार्य हो, और दोस्ती विकसित होने लगती है, और मामला एक-दूसरे की संतुष्टि के लिए सौहार्दपूर्ण और आसानी से हल हो जाता है!

जय माता दी, मानव कल्याण पर मेरी पुस्तक

आप एक ऐसे व्यक्ति से मिलते हैं, जो असभ्य है और वह अपराधी भी हो सकता है, चाहे वह किसी भी इंसान की स्थिति क्यों न हो, खैर, आपको सावधान रहना चाहिए, कि आप खुद को नुकसान पहुंचाने के लिए उजागर न हों, लेकिन आप बस कोशिश करें, जब आप इस व्यक्ति के आमने-सामने हों, प्यार और सम्मान से बात करें, कुछ देखभाल दिखाएं, और लो! देखो! जादू होने लगता है, खराब रिकॉर्ड के बावजूद सामने वाला पलटकर जवाब देने लगता है और आप हैरान रह जाएंगे!

यह ईश्वर की दिव्य भाषा के सर्वोत्तम तरीके से काम करने और हमारी दुनिया में इसके उच्च प्रभाव का एक प्रमुख उदाहरण है!

मैं आपको हमारे जीवन की एक वास्तविक घटना से शांति और प्रेम का एक उदाहरण देता हूं, जिसने पूरी दुनिया को हमेशा के लिए प्रभावित किया, और आज भी इसे हमेशा गूंजता और मानवता को प्रभावित करते देखा जा सकता है! इसने मानवता में स्वर्ण मानक स्थापित किया है और हमें एक इंसान होने का सही अर्थ सिखाया है!

मैं किसी और की नहीं बल्कि महात्मा गांधी की बात कर रहा हूं, एक ऐसा नाम जिसके बारे में मुझे यकीन है कि हमारी दुनिया का हर इंसान जानता है! महात्मा गांधी की मुख्य शिक्षाएं, उनके द्वारा वर्णित एक शब्द में गढ़ी गई हैं-अहिंसा! अहिंसा का अर्थ है अहिंसा! अहिंसा हमें शांति, प्रेम, दयालुता, देखभाल, समृद्धि और खुशी में रहना भी सिखाती है! यह व्यक्ति, परिवार, समाज, राष्ट्र और अंत में हमारी दुनिया, एक परिवार के रूप में रहने और सभी रिश्तों को परिभाषित करने वाले मूल्यों पर लागू होती है! यह महान आत्मा की शिक्षा है! जिसका अर्थ है दिव्य आत्मा! पुरुषों में सबसे महान में से एक! एम.के. गांधी!

महात्मा गांधी, भारत के राष्ट्रपिता भी हैं! हालाँकि पूरी दुनिया उनका आदर करती है। विशेष रूप से अफ्रीका, जहां उन्होंने अपने जीवन का एक हिस्सा उन्हीं शिक्षाओं को पीछे छोड़ते हुए बिताया था!

यह महात्मा गांधी ही हैं जिन्होंने हमें ईश्वर की भाषा सिखाई! जो प्यार है!

महात्मा ने भारत के ब्रिटिश उपनिवेशीकरण के खिलाफ अहिंसा का अभ्यास किया, और गांधी ने अहिंसा का अभ्यास किया, और बिना तलवार उठाए, पूरे राष्ट्र ने मिलकर अंग्रेजों को भारत छोड़ने के लिए मजबूर किया, और महात्मा गांधी ने अपने अनुयायियों के साथ भारत को आजादी दिलाई! यह इतिहास और विश्व में अभूतपूर्व है! यदि आप इसके बारे में सब कुछ जानना चाहते हैं, तो महात्मा गांधी की आत्मकथा "सत्य के साथ मेरे प्रयोगों की कहानी" पढ़ें। आप ईश्वर की सच्ची भाषा को महसूस करने के लिए सर रिचर्ड एटनबरो द्वारा निर्मित और निर्देशित फिल्म 'गांधी' भी देख सकते हैं, यह एम.के. गांधी के जीवन पर आधारित है, जो प्रेम की भाषा है!

बस आप ईश्वर की इस भाषा को याद रखें, और इसे जितना हो सके हमारी दुनिया में, अपने जीवन में उपयोग करें, फिर देखें आपका जीवन कितना सहज और आसान हो जाता है! याद रखें, कभी नहीं

राजेश डी संघवी

जीवन के बारे में इस सत्य को भूल जाओ, इसे अपने जीवन में हर पल याद रखो, और इसका हमेशा और अच्छे से उपयोग करो, और सच्ची सार्थक जीत हमेशा तुम्हारी होगी! जीवन का लक्ष्य भी यही है-शांति, प्रेम, दया, देखभाल, समृद्धि और सच्ची खुशी! ईश्वर समस्त मानवता को अहिंसा का आशीर्वाद दें! (अहिंसा).

अध्याय 17

जीवन के लिए पेड़ों को बचाएं

धरती पर हर बार जब एक पेड़ काटा जाता है, तब मनुष्य और पशुओं के जीवन पर कुछ महत्वपूर्ण प्रभाव पड़ता है। हम अपने जीवन को अगले 12 से 15 वर्षों तक संभाल सकने वाले ऑक्सीजन के स्रोत को हमेशा के लिए खो देते हैं, तब तक जब तक हम उसकी जगह दूसरा पौधा न लगा दें और वह बड़ा हो कर हम जिस ऑक्सीजन के स्रोत को खो चुके हैं, उसे ठीक नहीं कर देता। हम सभी जानते हैं कि ऑक्सीजन के बिना इंसान या जीव-जंतु जीवित नहीं रह सकते और हम यह भी जानते हैं कि हम बिना विचार किए जिस गति से इस पृथ्वी से पेड़ों की कटाई कर रहे हैं, उससे हम अपना ही नुकसान कर रहे हैं।

जब हमारे, हवा के हिस्से के रूप में सांस लिए जाने वाले ऑक्सीजन के प्रतिशत में गिरावट होने लगे तब क्या होगा? अपने आप, हम जिस हवा में सांस लेते हैं, उसमें मौजूद दूसरे गैसों की मात्रा बढ़ जाएगी। ये हमारे लिए हानिकारक होगा और कई बीमारियों का कारण बनेगा। इसलिए, इतनी लापरवाही के साथ अपने पेड़ों को काट कर हम खुद के लिए संकट पैदा कर रहे हैं।

एक और महत्वपूर्ण काम है जो पेड़ करते हैं। आसमान में बादल बनाकर बारिश करवाते हैं। बारिश हमारे पीने के पाने, भोजन के मुख्य स्रोत खेतों के लिए पानी का प्रमुख स्रोत है। आप जानते हैं कि इस पृथ्वी पर जिंदा रहने के लिए हवा के बाद पानी और भोजन आता है।

इसके अलावा पेड़ मिट्टी के कटाव को भी रोकता है और यह पेड़-पौधों और वनस्पतियों, जो हमें हमारी जमीन पर उगाने के लिए फल और सब्जियां देते हैं, के लिए बहुत जरूरी है। पेड़ों के बिना मिट्टी की गुणवत्ता हमारे भोजन ही नहीं बल्कि हमारे अस्तित्व के लिए महत्वपूर्ण वनस्पतियों और पेड़-पौधों को उगाने के लिए लायक नहीं रह जाती।

पेड़ों से जुड़ा एक और महत्वपूर्ण तथ्य यह है कि जब बारिश होती है, तब ये पेड़ स्पंज के जैसे काम करते हैं और बारिश के पानी को भू-जल के रूप में जमीन के नीचे जमा कर लेते हैं। हम सब जानते हैं कि भू-जल हम इंसाने के लिए पीने के पानी का एक स्रोत है। इसके अलावा कुएं का पानी मोटर से निकाल कर अनाज उगाने के लिए हमारे खेतों को सींचने के काम आता है।

भू-जल का स्तर बनाए रखने वाले और उसे जमा करने वाले पेड़ हमारे नदियों से भी जुड़े हैं और नदियों को भी पानी देते हैं। हम सभी मनुष्य और पशु-पक्षियों, दोनों ही के लिए पीने के पानी के स्रोत के रूप में नदियों के महत्व को अच्छी तरह से जानते हैं। इसके बिना हम जिंदा नहीं रह सकते। दूसरे शब्दों में कहें तो यदि पेड़ों को काट दिया जाएगा तो बहुत कम बारिश होगी, भू-जल लगभग समाप्त हो जाएगा और आखिरकार हमारी नदियां भी सूख जाएंगी।

हमने हमारी नदियों का बड़ा हिस्सा सूखते देखा है। जंगलों के कम होने के कारण वे सिकुड़ रही हैं, अपने तटों से दूर जा रही हैं, सूख रही हैं। यह सब अपनी पृथ्वी पर हमारे द्वारा बिना सोचे-समझे पेड़ों को काटने के कारण ही हो रहा है। इसलिए जब कभी भी आप एक पेड़ को काटते हैं तो सबसे पहले ऑक्सीजन का एक स्रोत तब तक स्थायी रूप से समाप्त हो जाता है जब तक उस पेड़ की जगह दूसरा पेड़ तैयार न हो जाए; पीने के पानी के स्रोत बुरी तरह से प्रभावित होते हैं और हमारी नदियां सूखने लगती हैं और आखिरकार हमारे खेत सूखने लगते हैं और बंजर हो जाते हैं। कम बारिश होने के साथ- साथ भूमिगत जल

और नदियों के सूख जाने के कारण हमारे भोजन को उपजाने के लिए उनकी सिंचाई नहीं हो पाती और वे खेती करने लायक नहीं रह जाते।

पीने के पानी की कमी और जंगलों के खत्म होने के कारण आखिरकार पशु-पक्षी भी जिंदा नहीं रह पाएंगे। वास्तव में हमारी पृथ्वी से कई प्रजातियां विलुप्त हो चुकीं हैं। जब तक हम उन्हें बचाने की कोशिश करते तब तक खतरनाक दर से वे प्रजातियां इस पृथ्वी से समाप्त हो चुकी थीं। हम मनुष्यों के लिए पशु-पक्षियों का होना भी बहुत मायने रखता है क्योंकि ये पारिस्थितिकीय संतुलन बना कर रखते हैं और ये हमारी पृथ्वी पर जंगलों और पेड़ों को बचाए रखने के लिए महत्वपूर्ण हैं। हमारी पृथ्वी का पारिस्थितिकी संतुलन इतना नाजुक है कि यदि हम इसकी एक भी कड़ी को नष्ट करते हैं या उसे अप्रभावी बना देते हैं तो हमारी पृथ्वी पर मौजूद सभी जीव-जंतुओं पर गंभीर संकट पैदा हो जाएगा।

क्या हम यह छोटी सी बात नहीं समझ सकते कि, हम अपने सीने में जिन फेफड़ों से सांस लेते हैं, जो ऑक्सीजन के बिना काम नहीं कर सकता, इनमें से आधे फेफड़े वास्तव में पेड़ों पर हैं। इसलिए ईश्वर ने हमारा आधा फेफड़ा पेड़ों को दे दिया है, जिसे हम यह समझे बिना कि मनुष्यों और पशु-पक्षियों के जीवन को हम किस दिशा में ले जा रहे हैं, लापरवाही से बर्बाद कर रहे हैं। ऑक्सीजन, पानी और भोजन की कमी पैदा करके आखिरकार हम अपने अस्तित्व को मिटाने और उसका विनाश करने की ओर बढ़ रहे हैं।

ईश्वर ने जिस तरह से हमारी पृथ्वी को बनाया है और जिस तरह से वे हमें जीवन का आनंद लेते देखना चाहते हैं, उसे समझे बिना और हमें जिस नाजुक पारिस्थितिकीय संतुलन को बनाए रखना चाहिए, अपनी लापरवाही के कारण हम इस पृथ्वी पर अपने अस्तित्व को संकट में डाल रहे हैं। हमें तत्काल पेड़ों के काटने से रोकना होगा। साथ ही इस पृथ्वी पर अपने अस्तित्व को बनाए रखने के लिए पेड़ लगाने होंगे और वन कवर को बढ़ाना होगा।

अध्यायन 18

भारत की नदियों को एक दूसरे से जोड़ कर उन्हें बचाना

नदियों को बचाने के लिए पेड़ लगाने से कई लाभ होंगे। हालांकि, हमने हमारे देश में देखा है कि कई नदियां सूख चुकी हैं और कई नदियां सूखने की कगार पर हैं।

तो क्या उन्हें बचाने का कोई उपाय है। सौभाग्य से, इंसान होने के नाते हमने तकनीक और इंजीनियरिंग की मदद से जो साधन बनाए हैं उससे ऐसा कर पाना संभव है।

मुख्य उपाय है- नदियों को एक दूसरे जोड़ना।

तो नदियों को एक दूसरे से जोड़ना या इंटरलिंक करना क्या है? हमारे देश का क्षेत्रफल बहुत बड़ा है और यदि हम इसे भौगोलिक क्षेत्रों में बांटें तो इसके उत्तर और पूर्वी इलाकों में इतनी अधिक बारिश होती है कि हर साल इन इलाकों में बाढ़ का आना सामान्य बात है। फिर आता है भारत का पश्चिमी और दक्षिणी इलाका। ये ऐसे क्षेत्र हैं जहां आमतौर पर कम बारिश होती है और बाढ़ बहुत कम आती है। इनमें से कई इलाकों में सूखा पड़ता है। ग्रामीण इलाकों में कई किसान दिवालिया हो जाते हैं और आत्महत्या कर लेते हैं। इन इलाकों में बारिश बहुत कम होती है और इन क्षेत्रों में यह अपर्याप्त है। कई बार तो पीने के पानी का भी संकट पैदा हो जाता है। इसकी वजह से कई बार पशुओं के साथ- साथ इंसानों की भी मौत होने लगती है।

यदि उत्तर और पूर्व की नदियों को जल निकायों के रूप में बड़ी- बड़ी नहरों के माध्यम से दक्षिण और पश्चिम की नदियों से जोड़ दिया जाए तो कैसा रहेगा? क्या होगा! देश के उत्तर-पूर्व हिस्से का अतिरिक्त पानी देश के दक्षिण-पश्चिम हिस्सों में पानी की कमी को पूरा कर देगा। इससे उत्तर- पूर्व की बाढ़ और तबाही से बचा जा सकेगा और दक्षिण-पश्चिम में सूखे और पानी की कमी भी दूर हो जाएगी।

इसके अलावा, हमारे देश के किसी भी हिस्से में सूख रही नदियों में इन नहरों से पानी पहुँचाया जाएगा और हम अपनी नदियों को सूखने या समाप्त हो जाने से बचा पाएंगे।

इसके अलावा, जब बड़े- बड़े जलाशयों में अतिरिक्त पानी को इक्ट्ठा कर रखा जाएगा तब लोगों के उपयोग करने के लिए पानी की कभी कमी नहीं होगी। नदियों का बहुत सारा पानी समुद्र में मिल जाता है और यह बहुमूल्य पानी, जिसकी हमारे देश के कई हिस्सों में कमी है, इस तरह से बर्बाद हो जाता है। नदियों का समुद्र में मिलने से पहले हम पानी का एक हिस्सा जलाशयों में भर लेंगें ताकि देश में पानी की कमी को पूरी तरह से दूर किया जा सके। तब पीने के लिए पर्याप्त मात्रा में पानी होगा और फसलों को उगाने के लिए खेतों की सिंचाई हेतु पर्याप्त पानी उपलब्ध होगा और किसानों को कभी भी बारिश की कमी के कारण खेतों की सिंचाई न हो पाने से न तो दिवालिया होना पड़ेगा और न ही आत्महत्या करने की जरूरत होगी।

दो-तीन बातें और हो सकती हैं। सबसे पहले, यदि नदियां सूख रही हैं, वे जल्द ही पानी से भर जाएंगी। यदि नदियां पूरी तरह से सूख चुकी हैं और अभी भी इन नदियों के बहने के लिए जगह है, तो उन्हें जीवित किया जा सकता है। इसलिए हम अपने देश की नदियों को एक दूसरे से जोड़ कर बचा सकते हैं। दूसरी बात, चूंकि सभी नदियां अच्छी स्थिति में हैं, नहरों और जलाशयों के इस नेटवर्क की मदद से, हमारे देश की बिजली संबंधी घरेलू और औद्योगिक, दोनों ही प्रकार

की जरूरतों को पूरा करने के लिए बड़ी मात्रा में पनबिजली पैदा की जा सकती है।

तीसरी बात, इन नहरों और पानी के रास्तों का प्रयोग अंतर्देशीय जल परिवहन का नेटवर्क बनाने में किया जा सकता है। इससे हमारे देश के सड़क और रेल परिवहन का बोझ कम होगा और कार्गो एवं यात्री दोनों ही प्रकार के परिवहन के लिए यह बहुत सस्ता तरीका भी होगा।

तकनीक के रूप में नदियों की इंटरलिंकिंग दुनिया में नई बात नहीं है। पश्चिमी देशों में इसे सफलतापूर्वक किया गया है और हमारे विश्व में यह तकनीकी एवं इंजीनियरिंग का चमत्कार सिद्ध हो चुका है। अमेरिका, कनाडा, यूरोप, ऑस्ट्रेलिया आदि जैसे देश, जहां नदियों की इंटरलिंकिंग की जा चुकी है, बहुत सफल है।

इसलिए मैं भारत सरकार से अनुरोध करता हूँ कि वे एक महत्वकांक्षी परियोजना के रूप में, हमारे देश की बाढ़ और सूखे की समस्या को दूर करने के लिए, पीने के पानी की कमी और हमारे खाद्य उत्पादन हेतु सिंचाई संबंधी जरूरतों को पूरा करने के लिए, हमारी बिजली और परिवहन की जरूरतों को पूरा करने के लिए और अंत में हमारी नदियों को बचाने के लिए देश में नदियों को एक दूसरे से जोड़ने यानि इंटरलिंक करने की परियोजना का शुभारंभ करें।

अध्याय 19

भारत के तेज आर्थिक विकास की कुछ प्रमुख समस्याओं का समाधान

भारत में तेज आर्थिक विकास एवं उसके विकसित अर्थव्यवस्था बनने की राह की मुख्य समस्या क्या है? कौन से काम कर हम इसे हासिल कर सकते हैं?

सबसे पहले, हमें यह समझना होगा कि हमारे देश में विकसित अर्थव्यवस्था के दो स्तंभ बहुत ही कमजोर हैं। हमारे सरकारी स्कूलों और हमारे सरकारी अस्पतालों की वर्तमान स्थिति।

हम सभी जानते हैं कि सरकारी स्कूलों और अस्पतालों, दोनों ही में काम करने की बुनियादी सुविधाओं की भी कमी है और उनमें काम करने वाले लोग अपने कर्तव्यों को पूरा करने के लिहाज से बहुत अकुशल एवं अप्रशिक्षित हैं। सरकारी स्कूल और अस्पताल किसी भी विकसित अर्थव्यवस्था एवं समृद्ध देश की नींव होते हैं।

जब सरकार के दो सबसे महत्वपूर्ण संस्थान इतनी बुरी स्थिति में हो तो वह देश कैसे प्रगति कर सकता है?

देश में कुल स्कूलों और अस्पतालों में से 85 प्रतिशत स्कूल और अस्पताल सरकारी स्वामित्व एवं संचालन वाले स्कूल और अस्पताल हैं।

इसलिए, प्राथमिक शिक्षा एवं स्वास्थ्य देखभाल संबंधी प्रमुख सुविधाएं भारत सरकार द्वारा संचालित हैं। फिर, दोनों ही संस्थानों को मजबूत बनाने के लिए हम क्या करें? सरकार को स्कूलों और अस्पतालों में उपलब्ध सुविधाओं को उन्नत बनाने के लिए खज़ाने से अधिक पैसे देने की जरूरत है। भारत सरकार द्वारा बड़े पैमाने पर बेहद कुशल शिक्षकों और डॉक्टरों को अपने स्कूलों और अस्पतालों से जोड़ने की पहल करने की जरूरत है और स्कूल के शिक्षकों और डॉक्टरों को पढ़ाने एवं प्रशिक्षित करने के लिए और अधिक सुविधाएं मुहैया कराए जाने की आवश्यकता है।

सरकार की तरफ से की जाने वाली इस पहल से हमारे देश में रोजगार, उन्नति एवं आर्थिक विकास में तेजी आएगी। इन स्कूलों से पढ़ कर निकलने वाले अच्छी तरह से शिक्षा प्राप्त छात्र देश को आगे ले जाएंगे। अच्छी और पर्याप्त चिकित्सा सुविधाएं एक स्वस्थ देश का निर्माण करेंगीं और देश में खराब चिकित्सा सुविधाओं से जूझ रहे लोगों का दुख दूर हो जाएगा। चिकित्सा उद्योग भी देश को विकास की राह पर आगे बढ़ाएगा।

इस तथ्य का ध्यान रखें कि विकसित देशों के जैसे ही सभी भारतीय नागरिकों के लिए मुफ्त में शिक्षा एवं अस्पतालों की व्यवस्था की जानी चाहिए।

एक और महत्वपूर्ण पहल की जा सकती है- सावधानी के साथ हमारे देश में मल्टीबैंड रीटेल एफडीआई की अनुमति देना। हमने हमेशा यही माना है कि मल्टीबैंड रीटेल एफडीआई हमारे देश में स्थानीय छोटे व्यवसायों को बर्बाद कर देगा लेकिन इस समस्या का भी एक समाधान है। यदि हम यह कानून बना दें कि इन ब्रांडों के द्वारा इस्तेमाल किया जाने वाला सारा कच्चा माल एवं सेवाएं सिर्फ स्वदेशी होंगी, यानि वे अपने सारे कारखाने सिर्फ भारत मे ही खोलेंगे एवं सेवाएं सिर्फ भारत

में देंगी और कोई भी कारखाना विदेश में नहीं होगा और न ही विदेशों से कच्चा माल या सेवाएं देश में मंगाई जाएंगी, तब मल्टीबैंड फ्रेंचाइज़ी में एफडीआई (प्रत्यक्ष विदेशी निवेश) वास्तव में, भारत में विकास लाने का काम करेंगे और इस विकास से हमारे देश के किसानों और मजदूरों को फायदा होगा।

इन मल्टीबैंड फ्रेंचाइजी द्वारा बनाई गई मांग सुनिश्चित करेगी कि किसानों को उनकी फसल का अच्छा मूल्य मिले। साथ ही मजदूरों की मांग बढ़ने से उनकी आमदनी भी बढ़ेगी। गरीब किसानों और मजदूरों को अतिरिक्त उत्पादन से अधिक पैसे मिलेंगे और तैयार अतिरिक्त उत्पाद हमारे देश के जीडीपी में जान डालेंगे।

एक और लाभ होगा, इन विदेशी ब्रांडों के माध्यम से हमारे देश में नवीनतम तकनीक आएगी जो हमारे देश को नवीनतम तकनीक से बने उच्च गुणवत्ता वाले उत्पादों में प्रतिस्पर्धी बनाएगा। तकनीक और प्रतिस्पर्धा का एक और लाभ है, भारत जल्द ही चीन जैसा निर्यात केंद्र में बदल जाएगा और चीन के जैसे ही विदेशी मुद्रा कमा सकेगा।

इसके अलावा, हमारे परिस्थितियां चीन के जैसे ही हैं या यूं कहें कि उससे भी अच्छी परिस्थिति में हम हैं- हमारे पास सस्ते मजदूर हैं और हमारे देश में उपलब्ध कच्चे माल की कीमत भी कम है। इन दोनों के ही कारण हम कम कीमत पर उच्च गुणवत्ता वाली निर्यात की जाने वाली वस्तुओं का उत्पादन कर सकते हैं। इससे हम अंतरराष्ट्रीय बाज़ारों में अत्यधिक प्रतिस्पर्धी बन जाएंगे। ये सभी स्थितियां हमारे देश के तेज आर्थिक विकास का नेतृत्व करेंगी और इसे विकसित देशों की कतार में शामिल होने की दिशा में अग्रसर करेंगी।

इन शर्तों के साथ मल्टीब्रांड रीटेल एफडीआई की अनुमति दे कर हम ज्यादा-से-ज्यादा क्या गंवाएंगे? कुछ भी नहीं। छोटे व्यापारियों के पास अपनी दुकानों पर बेचने के लिए उत्पादों के और अधिक विकल्प मिलेंगे। हालांकि इन विदेशी ब्रांडों द्वारा कमाया जाने वाला लाभ संभव

है उनके देश को मिले लेकिन कितना? वह मुश्किल से बिक्री का 3 से 4 % होगा, क्योंकि लाभ का कुछ हिस्सा फिर से निवेश कर दिया जाएगा और उसका कुछ हिस्सा उनके मूल देश को भेजा जाएगा।

क्या हमारे देश में पैदा हुए रोजगार, हमारे किसानों से अच्छे मूल्यों पर कच्चे माल खरीदना या अच्छी सेवाएं और उद्योग, मांग में बढ़ोतरी जिससे जीडीपी में सुधार आएगा, यह बड़ी कीमत है? निर्यात केंद्र बनना और तकनीक हस्तांतरण के साथ सर्वोत्तम गुणवत्ता वाले उत्पादों को बना कर वैश्विक स्तर एवं विश्व बाजार में प्रतिस्पर्धी बनना? निर्यात केंद्र के रूप में काम करते हुए उच्च विदेशी मुद्रा अर्जित करना?

मल्टीब्रांड रीटेल पर लगाम लगाना निश्चित रूप से हमारे देश की अर्थव्यवस्था की एक समस्या है। देश में गलत धारणा और जिस प्रकार चीन ने इसका हल निकाला, उस प्रकार विचार नहीं करने से यह समस्या पैदा हुई है।

विकास एवं हमारे लिए एक विकसित देश बनने की राह की एक और बड़ी समस्या है- घाटा में जा रहीं हमारे सार्वजनिक क्षेत्र की कंपनियां। हमारी अर्थव्यवस्था में औद्योगिक एवं खुदरा क्षेत्र में समानांतर रूप से काम करने वाले के अलावा इसमें बहुत अधिक एनपीए के साथ हमारे सरकारी क्षेत्र के बैंक भी शामिल है।

सार्वजनिक क्षेत्र की लगभग 95% कंपनियां या तो घाटे में चल रही हैं या उन पर बहुत अधिक ऋण है। उन्हें इस स्थिति से बाहर कौन ला सकता है? यह काम, करदाताओं के पैसे की मदद से उनके ऋण या घाटे को माफ कर सरकार करती है। हम भारत के नागरिक होने के नाते सरकार को कर (टैक्स) देते हैं और हमारी मेहनत की कमाई को देश के विकास में लगाने की बजाए उसे बहुत ही अक्षम और कुप्रबंधित सार्वजनिक क्षेत्र की कंपनियों के घाटे या ऋण को चुकाने में बर्बाद कर दिया जाता है।

सार्वजनिक क्षेत्र की कंपनियों की समस्या क्या है? किसी के भी प्रति उनकी जवाबदेही नहीं है। न तो उन्हें किसी को जवाब देना पड़ता है और न ही वे जिम्मेदारी के साथ कंपनी चलाते हैं। वास्तव में, सार्वजनिक क्षेत्र की पूरी अवधारणा, आजादी के बाद, हमारे देश के तत्कालीन नेताओं का रूस से घनिष्ठ मित्रता और कम्युनिस्ट विचारधारा का परिणाम है।

पूरे विश्व में कम्युनिस्ट विचारधारा बुरी तरह असफल रही है और यहां तक कि जिस देश में इसने जन्म लिया- रूस में, वहां भी इसे समाप्त कर दिया गया है लेकिन हम, भारत में इस विचारधारा से जूझ रहे हैं। इसे बहुत पहले ही हमारे देश की विचारधारा से निकाल दिया जाना चाहिए था और उसके बाद इसकी वजह से हुए नुकासन और बर्बादी पर गौर किया जाना चाहिए था।

निजी क्षेत्र में, प्रत्येक कर्मचारी को उसके काम का जिम्मेदार बनाया जाता है, उसे संगठन के प्रबंधन द्वारा निर्धारित उच्च योग्यता के साथ काम करना होगा। इसके अलावा, वे मुनाफे के लिए अपने हितधारकों के प्रति जवाबदेह होते हैं। साथ ही कुछ भी मुफ्त में नहीं मिलता। यदि आपके कारण नुकसान होता है या बहुत अधिक ऋण लेने की जरूरत पैदा होती है, तो आपको कंपनी में उच्च मुनाफे के लिए निवेश करने वाले हितधारकों द्वारा बाहर का रास्ता दिखा दिया जाता है।

सार्वजनिक क्षेत्र का आकार बहुत बड़ा है और इसलिए हर वर्ष उनका नुकसान और ऋण भी बढ़ता जाता है। हम अचानक कोई कदम नहीं उठा सकते लेकिन एक-एक कर, सार्वजनिक क्षेत्र में धीरे- धीरे विनिवेश करना और इसे बेचना एवं निजी क्षेत्र को हस्तांतरित किया जाना चाहिए।

साथ ही, सरकार द्वारा अपनी हिस्सेदारी को बेचने से होने वाली आमदनी और निजी क्षेत्र में इसे बेचे जाने से सरकारी खजाने में

बहुत पैसा आएगा, जिसका उपयोग सरकार देश के लिए लाभकारी गतिविधियों में निवेश करने में कर सकती है।

ये कुछ समस्याएं हैं जो हमारे देश को समृद्ध और विकसित अर्थव्यवस्था बनने से रोक रही हैं।

अध्याय 20

अवसाद का उपचार

आपको पता होना चाहिए कि अवसाद यानि डिप्रेशन, दुनिया की एक गंभीर, बहुत गंभीर बीमारी है। यह किसी भी उम्र के व्यक्ति को हो सकती है। विश्व के प्रत्येक 5 में से 1 व्यक्ति अवसद से पीड़ित है और विश्व के प्रत्येक 6 में से 1 व्यक्ति को उसके जीवन में कभी- न-कभी यह बीमारी जरूर होती है।

जब आपको यह बीमारी होती है तब आप दुख, उदासी महसूस करते हैं, आप आत्मविश्वास खो देते हैं। आमतौर पर ऐसा इसलिए होता है क्योंकि आपके शरीर की ऊर्जा बहुत कम हो जाती है और वह बहुत नीचले स्तर पर चली जाती है।

अवसाद के अन्य लक्षण हैं- आपको भूख नहीं लगेगी या आप बहुत अधिक खाने लगेंगे, आप पर्याप्त मात्रा में नींद नहीं लेंगे या आप बहुत अधिक सोने लगेंगे, आप स्वयं को उद्देश्यहीन महसूस करने लगेंगे, खुद को बेकार समझने लगेंगे। आपके लिए किसी भी मुद्दे पर विचार करना, ध्यान देना और निर्णय लेना भी मुश्किल हो जाएगा।

यह ऐसी स्थिति है जिसमें आप खुद को पूरी तरह से बेकार समझने लगते हैं, आप घर या ऑफिस में कोई काम नहीं कर पाते। यही अवसाद है।

अवसाद का बेहद गंभीर पहलू यह है कि आपको आत्महत्या करने का ख्याल आने लगता है और हमने सुना है कि आत्महत्या करने वाले ज्यादातर लोग अवसाद से पीड़ित थे।

आमतौर पर डॉक्टर अवसाद का उपचार कैसे करते हैं? दवा से और फिर मनोरोग से संबंधित मदद दे कर और यदि ये दोनों ही काम नहीं करता, तो फिर आपको एनेस्थिसिया दिया जाता है ताकि आपको बिजली के झटके दिए जा सकें। बिजली के यह झटके आपके मस्तिष्क को दिए जाते हैं ताकि आप अपनी पहले वाली स्थिति में लौट सकें।

इसलिए, जब एक मरीज इन सभी प्रक्रियाओं से गुजरता है, आप समझ सकते हैं कि मरीज की हालत कितनी गंभीर है और अवसाद के कारण उसे कितनी तकलीफ हो रही है। लेकिन अवसाद का इलाज करने का एक प्राकृतिक तरीका भी है। इस प्रक्रिया में यदि मरीज बताए गए सभी चरणों का पालन करता है तो उसे किसी प्रकार का दुख नहीं होता।

सबसे पहले, मरीज के शरीर को डी-टॉक्सिफाई करने की जरूरत होती है। मेरे कहने का मतलब है कि 9 से 12 महीने की बीच की कोई अवधि। मरीज अपने भोजन की मात्रा पर स्वयं नियंत्रण करता है। इस अवधि के दौरान मरीज को दूध के अलावा केवल फल और सलाद खा कर रहने एवं अपने वजन को प्राकृतिक रूप से कम करने की सलाह दी जाती है। इस अवधि के दौरान उसे इन्हीं खाद्य पदार्थों को अपना मुख्य आहार बनाना होगा। इस प्रक्रिया में शरीर ऊर्जा से भर जाएगा, क्योंकि वह कुपोषण और सभी प्रकार की बीमारियों से मुक्त हो जाएगा। इस पूरी अवधि में इस प्रक्रिया के जारी रहने के साथ मरीज को रोजाना योग और ध्यान करना चाहिए।

योग का यह विशेष प्रकार, कुंडलिनी को जागृत करने के साथ-साथ चक्रों को भी सक्रिए करता है। ये ऊर्जा के केंद्र होते हैं जो आपके

श्रोणी से लेकर मस्तिष्क के उपरी हिस्से तक सक्रिए होते हैं। ऐसे 7 चक्र होते हैं और जब इन चक्रों से ऊर्जा का प्रवाह होता है, नीचे से ऊपर की ओर, तब आपकी चेतना जागृत होती है और आप आत्म-जागरूक बन जाते हैं। अपने योग की दैनिक क्रिया में आप रोजाना ध्यान भी करते हैं जिससे आपको अपने अस्तित्व के सत्य के बारे में पता चलता है।

इसी अवधि में, आपको ब्रह्मचारी जीवन जीने की सलाह दी जाती है। यह आपके शरीर में पैदा होने वाले हार्मोन्स को नियंत्रित करने में मदद करता है। यह मस्तिष्क को स्वस्थ होने में मदद करता है और आपका मस्तिष्क सुस्ती से बाहर निकल कर सक्रिए अवस्था में आ जाता है। इसे भी उपचार की 12 महीने की अवधि के दौरान जारी रखना चाहिए। 12 महीनों तक इसका अभ्यास करने के बाद, आप अपने भीतर और अपने व्यक्तित्व में एक परिवर्तन पाएंगे। आप पूरी तरह से ठीक हो जाएंगे और ऊर्जा से भरे होंगे। आपमें काम करने की क्षमता एवं उत्साह एवं खुद की मदद करने के साथ- साथ जीवन के प्रति उत्साह लौट आएगा।

आप अवसाद से बाहर आ चुके हैं। यहाँ बताए गए योग और ध्यान को करने के लिए सबसे अच्छा रहेगा कि आप सद्‌गुरु जग्गी वसुदेवजी के ईशा फाउंडेशन से संपर्क करें। जो आपको जीवन में सामान्य स्थिति में वापस लौटने और संतुलन बनाने के लिए सबसे तेजी से और सर्वोत्तम परिणाम देगा।

दो और सुझाव हैं जिनका पालन करना महत्वपूर्ण है। आपको सामान्य अच्छा आहार खा सकते हैं लेकिन अपना स्वास्थ्य और जीवन शक्ति बनाए रखने के लिए अपने दैनिक आहार में कम-से-कम 40% फलों और सलाद को शामिल करें।

दूसरा, जहाँ तक आपके ब्रह्मचर्य का संबंध है, आप विवाह और बच्चे पैदा करने तक इसे जारी रख सकते हैं, लेकिन विवाह और बच्चे

पैदा करने के बाद आप अपने बच्चों की जिम्मेदारी उठाने के लिए फिर से ब्रह्मचर्य का पालन करना शुरु करें और एक ब्रह्मचारी का जीवन जीएं।

आपके जीवन में सभी प्रकार की सफलताओं और यदि आप चाहते हैं कि आपका जीवन उपलब्धियों से भरा हो तो का इसका खुला रहस्य है ब्रह्मचर्य। अवसाद से बाहर निकलने के बाद आप अपने परिवार के साथ शानदार जीवन जीने को तत्पर हैं और जीवन में आप एक सामान्य व्यक्ति के जैसे ही अपनी जिम्मेदारी उठाएंगे। ईश्वर आपको आशीर्वाद दें।

अध्याय 21

बेघरों के लिए घर

हमारे देश में बेघर लोगों की समस्या बहुत गंभीर है। आशा की जानी चाहिए कि गरीबी रेखा से नीचे जीवन गुजार रहे लगभग सभी परिवार, आबादी का करीब 22% या 33 करोड़ लोग गरीबी रेखा से नीचे जीवन बसर कर रहे हैं और उनका प्रति व्यक्ति मासिक खर्च करीब 1,000 रुपये या इससे भी कम है, हमारे देश में ऐसे लोगों के पास न तो घर है न ही वे गरिमापूर्ण जीवन जी पा रहे हैं। इसके अलावा, आबादी का एक बड़ा हिस्सा, हालांकि हम उन्हें बेघर नहीं कह सकते, इनके पास अपना खुद का घर नहीं होता और वे किराए के घरों में रहते हैं। इस श्रेणी में गरीब, औसत से नीचे और मध्यम वर्ग के लोग आते हैं जिनके लिए अपने घर का होना एक सपना है। चूंकि आबादी के मामले में हमारा देश दुनिया में दूसरे नंबर पर है, करीब 1. 5 अरब (एक अरब पचास करोड़) और जल्द ही हम चीन को पीछे छोड़ते हुए पहले नंबर पर पहुँच जाएंगे, इस काम को करना मुश्किल होगा। सबसे पहले यह सुनिश्चित करना होगा कि बेघर लोगों की स्थिति में सुधार हो और उन्हें एक घर मिले और जो लोग किराए के मकानों में रहते हैं, वे अपने खुद के घर का सपना पूरा कर सकें।

तो फिर, जब आबादी का इतना बड़ा हिस्सा बेघर है, तो उनके सपनों को साकार करने के लिए हम क्या कर सकते हैं? निश्चित रूप से, अच्छे और उनके लिए सस्ते घरों को बनाना और उन्हें उनके स्वयं का घर देना। लेकिन घर बनाने में बहुत पैसा लगता है और

इसमें समय में भी बहुत लगता है। लेकिन क्या वास्तव में ऐसा ही होता है? हमारे आधुनिक, तकनीकी रूप से उन्नत, औद्योगिकीकरण के इस युग में? आईए मैं आपको अच्छे, मजबूत, स्वस्थकर और खूबसूरत घरों के निर्माण की एक नई तकनीक या अवधारणा के बारे में बताता हूँ: इस नई तकनीक को कारखाने में निर्मित घर/ मॉड्यूलर घर/ प्रीफैब्रिकेटेड होम्स/ या मोबाइल होम्स के नाम से जाना जाता है। इन घरों को कारखाने में तैयार किया जाता है और घर बनाए जाने के स्थान पर लाकर इनके अलग- अलग हिस्सों को जोड़ दिया जाता है या फिर पूरी तरह बने हुए घर को बड़े- बड़े ट्रकों पर लाद कर उपभोक्ताओं तक पहुँचाया जाता है और घर बनाए जाने के स्थान पर लगा दिया जाता है।

इन घरों को स्टील, लकड़ी, प्लास्टिक और कांच के अलावा कुछ अन्य सामग्रियों से बनाया जाता है जो मजबूत होने के साथ-साथ वज़न में हल्के भी होते हैं। इनमें सभी आधुनिक सुविधाएं जैसे शौचालय, वॉशरूम, रौशनी एवं उपकरणों के लिए बिजली के कनेक्शन होते हैं। ये मौसम - बारिश, सर्दी या गर्मी, की मार झेल सकते हैं। दीमक और कीटाणु- रोधी होते हैं। इसके अलावा बाढ़ या भूकंप की वजह से नुकसान सीमित मात्रा में या बहुत कम होता है। इसके अलावा, यदि आप एक मोबाइल घर का ऑर्डर देते हैं, तो सुवाह्यता एवं गतिशीलता के साथ आपके पास अपने घर को किसी दूसरे स्थान पर ले जाने का विकल्प भी होता है। यदि आप किसी दूसरे स्थान पर रहना चाहते हैं तो ये घर ऐसे होते हैं जिन्हें समेटा जा सकता है और ट्रकों में भर कर या कार्गो विमान के जरिए एक जगह से दूसरी जगह ले जाया जा सकता है। इन आधुनिक उच्च तकनीक वाले घरों की सबसे अच्छी बात यह है कि ऐसे घरों को मात्र 15 दिनों में ही रहने के लिए बनाया जा सकता है और ईंट एवं गारे से बने परंपरागत घरों की तुलना में ये बहुद सस्ते भी होते हैं। कहीं भी एक स्टैंडर्ड घर बनाने में 1. 5 लाख से 5 लाख रुपये का खर्च आ सकता है।

बड़े पैमाने पर देखें तो यह लोगों की बजट में आ सकता है, इसलिए भारत में बेघरों की समस्या के समाधान हेतु इसे विकल्प बनाया जा सकता है। गरीबी रेखा से नीचे जीवन- जीने वालों को सरकार से मदद मिल सकती है और ऐसे घरों की मदद से शहरों से झुग्गी-झोपड़ियों को पूरी तरह से हटाया जा सकता है। ग्रामीण बेघरों और गावों में रहने वाले करोड़ों बेघरों के लिए भी यह सस्ता विकल्प हो सकता है। ऋण के प्रावधान एवं सरकार से सब्सिडी की मदद से बेघर गरीबों की समस्या का समाधान किया जा सकता है। इसके लिए सस्ती दरों पर सर्वोत्तम तकनीक चीन के पास है। चीन के साथ हमारा, तकनीकी समझौता भी है। इस गतिविधि को बड़े पैमाने पर करने से हमारे देश के बेघरों की समस्या को हमेशा के लिए सुलझाया जा सकता है।

सभी के लिए घर, हमारे देश के लिए बहुत आसानी से पूरा किया जा सकने वाले सपना बन जाएगा।

धन्यवाद।

अध्याय 22

प्यारे भाइयों भारत और पाकिस्तान के भविष्य के संबंधों को परिभाषित करना।

भारत और पाकिस्तान के बीच कश्मीर पर कब्जे को लेकर पिछले 77 वर्षों से अधिक समय से युद्ध चल रहा है।

हमें अब हिंसा और भाई-भाई की लड़ाई की जरूरत नहीं है.'

हम भाई हैं, हम भावनात्मक रूप से एक-दूसरे के हैं और हमेशा रहेंगे, क्योंकि हम एक समय एक थे और एक परिवार के रूप में हमारे बीच सब कुछ साझा करते थे।

यह बंधन हमारे भविष्य के इतिहास में कभी नहीं टूटेगा।

इसलिए समझने वाली बुनियादी बात यह है कि हमें एक-दूसरे के प्रति दयालु और देखभाल करना सीखना होगा, क्योंकि हम एक ही परिवार के सदस्य हैं।

अब कश्मीर विवाद पर आते हैं तो इसका समाधान शांतिपूर्ण कूटनीति से होना चाहिए, युद्ध या हिंसा से नहीं।

हमने लड़ते-लड़ते 77 साल बर्बाद कर दिये. हम और अधिक समय बर्बाद नहीं करना चाहते या एक-दूसरे को और अधिक कष्ट नहीं देना चाहते। हमें सबसे पहले यह पहचानना होगा कि हम अपने ही भाई हैं।

तो फिर, आह्वान अब शत्रुता समाप्त करने का है।

और क्या? हमें धैर्य रखने की जरूरत है, हमें भारत में सही तरह के नेतृत्व के सत्ता में आने का इंतजार करने की जरूरत है, ताकि हमारे दोनों देशों के बीच सौहार्दपूर्ण समाधान तक पहुंचने के लिए कूटनीतिक प्रक्रिया को आगे बढ़ाया जा सके।

दोनों पक्षों को बातचीत के जरिए समाधान निकालने के लिए एक-दूसरे पर भरोसा करने और यह समझने की जरूरत है कि दोनों देशों के लिए कश्मीर के बारे में क्या अधिक महत्वपूर्ण है।

मुझे यकीन है कि जब जिम्मेदार सरकार सत्ता संभालेगी, तो एक सौहार्दपूर्ण समाधान निकलेगा, जिसमें दोनों देशों की मंजूरी के साथ कश्मीर में आयोजित होने वाली एक प्रार्थना सभा और जनमत-संग्रह भी शामिल हो सकती है। और एक व्यावहारिक और शांतिपूर्ण समाधान निकलेगा.

हालाँकि, दोनों को यह समझने की आवश्यकता है कि कूटनीतिक और वार्ता प्रक्रिया का परिणाम चाहे जो भी हो, हम यह कभी नहीं भूलेंगे कि हम एक परिवार हैं, और हम एक-दूसरे के साथ हमेशा सम्मान, दया, देखभाल और प्यार का व्यवहार करेंगे, जैसा कि परिवार का एक सदस्य करता है। एक और।

इसके अलावा, हम हर तरह से, आर्थिक रूप से और हर तरह से एक-दूसरे की मदद करते हैं, समान हित के साथ बढ़ते हैं और पर्यटन सहित एक-दूसरे का समर्थन करते हैं, और सांस्कृतिक, विरासत और एक-दूसरे के बीच संबंधों को सुविधाजनक बनाते हैं जो हमारे बीच रहे हैं। भारत और पाकिस्तान के लोग हमेशा.

तो यही है भारत और पाकिस्तान भाइयों का प्यारा भविष्य। ये बात बांग्लादेश पर भी लागू होती है.

अल्लाह या माताजी हमारे परिवार को हमेशा शांति, प्रेम, दया, देखभाल, समृद्धि और खुशी का आशीर्वाद दें।

अध्याय 23

बेरोजगारों के लिए रोजगार

हम हमारे देश भारत में बेरोजगारी की स्थिति के बारे में जानते हैं। युवाओं के संदर्भ में देखें तो आज विश्व में सबसे अधिक युवा भारत में ही हैं और बड़े- पैमाने पर बेरोजगारी हमारे देश के लिए चिंता का एक मुख्य विषय है। बेरोजगारी ने हमारी युवा पीढ़ी में बहुत निराशा पैदा कर दी है। बेरोजगारी बहुत सारी सामाजिक अशांति कारण बन सकता है। ऊर्जा से भरपूर युवाओं को गुमराह किया जा सकता है। यह उनके लिए या दूसरों के लिए खतरनाक है। इससे उनका जीवन भी बर्बाद हो सकता है।

वर्तमान आंकड़ों के अनुसार, भारत में 31 मिलियन (3 करोड़ 10 लाख) बेरोजगार हैं; देश की करीब 4.1% आबादी युवा और बेरोजगार है। इससे भी ज्यादा चिंता की बात यह है कि 35% आबादी अवनियोजित है। अवनियोजित का अर्थ है, बेहद कुशल लोगों के पास अच्छी नौकरी नहीं है और वे अपना जीवन-यापन करने के लिए छोटी-मोटी नौकरी कर रहे हैं। यह हमारी युवा प्रतिभाओं का असामान्य अपव्यय है, जो अच्छी योग्यता होने के बाद भी, जीवन-यापन करने के लिए छोटे- मोटे काम करते हैं। यह और भी चिंता का विषय है क्योंकि इसमें बेरोजगारी छिपी हुई है। यह आबादी का बहुत बड़ा हिस्सा है जो बुरी तरह से निराश है और हमारे समाज में व्यापक सामाजिक अशांति पैदा कर सकता है। इस श्रेणी के लोग भारत के प्रति व्यक्ति

आय, जो कि 8,000 रुपये मासिक है, से भी कम पैसे कमा पाते हैं। इसे निर्वाह जीविका कहते हैं।

वर्तमान में, हमारे देश में लगभग 11 करोड़ भारतीय अवनियोजित हैं, ये कुशल और योग्य व्यक्ति हैं, जिनके पास अच्छी नौकरी नहीं है। एक और चौंकाने वाला तथ्य यह है कि करीब 8 लाख लोग, जो बेहद योग्य इंजीनियर हैं, उनके पास या तो अच्छी नौकरी नहीं है या वे बेरोजगार हैं। यह हमारे मानव पूंजी के साथ- साथ उन्हें कुशल बनाने में लगे संसाधनों की जबरदस्त बर्बादी है। कृषि उद्योग में बेरोजगारी के आंकड़े और भी चौंकाने वाले हैं। करीब 38 करोड़ भारतीय ऐसे हैं जिनके पास अच्छी नौकरी नहीं है और वे हताश हैं। गांवों में किसी तरह से अपना जीवन बिता रहे हैं और भारत के कृषि क्षेत्र में बने रहने के लिए कड़ी मेहनत करते हैं।

भारत के बेरोजगार और योग्यता के अनुसार नौकरी न मिल पाने वालों के लिए, यह एक निराशाजनक स्थिति है और यह समझना बहुत ही आसान है कि वे क्यों और कैसे शिकार बन जाते हैं। हमारे समाज में असामाजिक तत्वों द्वारा उन्हें किस तरह बहकाया जाता है, उनका शोषण किया जाता है और इसके कारण ही आज हमें भारत में अपराध की घटनाओं में इतना इजाफा देखने को मिल रहा है।

तो फिर इसका हल क्या है? सबसे पहले हमारे देश में बेरोजगारी पंजीयक बनाने की आवश्यकता है, उसके सभी विवरणों को भारत सरकार के पास पंजीकृत करने की जरूरत है। इसी प्रक्रिया में, पहचान रिकॉर्ड बनाए जाने के साथ बेरोजगारी रिकॉर्ड बनाने एवं कौशल और शिक्षा का रिकॉर्ड भी बनाया जाए।

हमारी आबादी के एक बड़े हिस्से के पास अच्छी नौकरी भी है। जैसा कि हम सब जानते हैं हमारे समाज में, आमदनी और संपत्ति में परेशान करने वाला असंतुलन भीहै। धनवान और अमीर बनते जा रहे हैं, गरीब और गरीब होते जा रहे हैं। भारत की सर्वोच्च एक

प्रतिशत (1%) आबादी, तिहत्तर प्रतिशत (73%) भारतीयों की संपत्ति पर निर्भर है। हमारे देश के लिए यह अत्यंत दुर्भाग्यपूर्ण है। हमारी अर्थव्यवस्था की एक और दोष यह है कि, हमारे देश में तीन प्रतिशत (3%) से भी कम आबादी आयकर देती है। जबकि संयुक्त राज्य अमेरिका, यूके, जापान आदि देशों में पचास प्रतिशत (50%) से अधिक नागरिक आयकर जमा देते हैं।

ये हमारे देश के असामान्य एवं चिंताजनक आंकड़े हैं। विकसित देशों में सरकार के राजस्व का मुख्य हिस्सा आयकर से आता है जबकि हमारे देश में अप्रत्यक्ष करों से।

एक अन्य महत्वपूर्ण तथ्य पर ध्यान दिए जाने की जरूरत है, विकसित देशों में, बेरोजगारों को कानून रोजगार की गारंटी दी जाती है। इसलिए जब उन देशों में कोई व्यक्ति बेरोजगार होता है और जैसे ही वह सरकारी रिकॉर्ड में स्वयं को बेरोजगार की श्रेणी में पंजीकृत करता है, उसे नई नौकरी मिलने तक, सरकार की तरफ से बेरोजगारी भत्ता दिया जाता है और कानून के अनुसार, बेरोजगारों का बोझ नौकरी कर रहे लोग उठाते है। वहां की सरकारें नौकरी कर रहे लोगों द्वारा दिए गए आयकर से मिलने वाले राजस्व से बेरोजगारी भत्ता का इंतजाम तब तक करती हैं, जब तक कि बेरोजगार व्यक्ति को उचित नौकरी न मिल जाए और वह अर्थव्यवस्था का अंग न बन जाए।

हमें भारत में भी विकसित देशों जैसे कानून की आवश्यकता है। सबसे पहले सभी बेरोज़गार सरकार के पास अपना अपनी वर्तमान योग्यताओं और कौशल के साथ पंजीकरण कराएं और हमारे देश के सभी बेरोजगारों को बेरोजगारी भत्ते के रूप में न्यूनतम वेतन दिए जाने की व्यवस्था की जाए। यह भत्ता यदि ज्यादा नहीं तो 176 रु. प्रति दिन या 5,456 रु. मासिक होना चाहिए। आदर्श रूप में देखा जाए तो न्यूनतम वेतन सीमा को बढ़ा कर प्रति माह 8,000 रु. किए जाने की आवश्यकता है, जो एक मनुष्य होने के नाते न्यूनतम गरिमा के साथ जीवन-यापन करने के लिए आदर्श धनराशि है। इस धनराशि

का भुगतान, हमारे देश के सभी पंजीकृत बेरोजगारों को, उचित नौकरी मिल जाने तक किए जाने की आवश्यकता है।

फिर सही दिशा में ऐसे काम को करने के लिए धन जुटाने का सवाल खड़ा हो जाता है। धन जुटाने की आवश्यकता को सिर्फ अप्रत्यक्ष करों से मिलने वाले राजस्व से पूरा किया जा सकता है क्योंकि आय कर के रूप में मिलने वाला प्रत्यक्ष कर बहुत कम है। इस महत्वपूर्ण गतिविधि हेतु धन जुटाने के लिए त्रिआयामी दृष्टिकोण अपनाया जा सकता है। सबसे पहले, हम सब जानते हैं कि हमारी अर्थव्यवस्था में असमानता है जो बहुत खतरनाक स्थिति पहुंच चुकी है। इसलिए उच्च वर्ग द्वारा उपयोग में लाई जाने वाली वस्तुओं पर सबसे अधिक कर लगाया जाना चाहिए, ताकि राजस्व मिल सके। बाजार में बिक्री के लिए उपलब्ध वस्तुओं, चाहे वह कोई भी हो, का हमें विलासिता (लक्ज़र) पैमाना बनाने की आवश्यकता है। विलासिता पर किए गए खर्च से मिले अंकों के आधार पर, हमें अधिक कर लगाने की जरूरत है, उन वस्तुओं को हम विलासी जीवनशैली के लिए आमतौर पर प्रचूर मात्रा में खरीदे जाने के रूप में चिन्हित करते हैं। दूसरा, हम लोगों द्वारा प्रयोग में लाई जाने वाली उन वस्तुओं पर कर (टैक्स) लगा सकते हैं, जिन्हें सामान्य रूप से स्वास्थ्य के लिए हानिकारक माना जाता है, तंबाकू उत्पादों को चबाना या धूम्रपान करना, सभी प्रकार के शराब और गुटखा। तीसरा, हमें इस बात का ध्यान रखना होगा कि हम विशेष रूप से मध्यम वर्ग और गरीब वर्ग द्वारा खाई जाने वाली मूलभूत उपयोगी वस्तुओं को महंगा न होने दें।

इस प्रकार एक साथ तीन उद्देश्यों की पूर्ति एक साथ हो जाएगी। पहला- मादक पदार्थों और स्वास्थ्य के लिए हानिकारक पदार्थों की खपत पर लगाम लगेगा, दूसरा- समाज में असमानता को कम करने में मदद मिलेगी और तीसरा, भारत के बेरोजगारों और अवनियोजितों के लिए सुरक्षा तंत्र तैयार होगा एवं उनके लिए रोजगार के अवसर पैदे होगें।

भारत में रोजगार के अवसर पैदा करने के लिए एक और अच्छा कदम होगा बड़े ढांचागत खर्चों और विश्व की विकसित अर्थव्यवस्थाओं में जिस उच्च गुणवत्ता मॉडल पर सरकारी प्रबंधन के तहत स्कूलों, कॉलेजों और अस्पतालों का निर्माण कराया जाता है उसी मॉडल पर आधारित परियोजनाओं के वित्तपोषण हेतु आईएमएफ (विश्व मुद्रा कोष) और विश्व बैंक से कम ब्याज पर ऋण लेना।

हमारे भारत में श्रमिकों की स्थिति पर कुछ और आंकड़ेः श्रमिक भागीदारी दर और कार्यबल नियोजन के संदर्भ में मैं एक बार फिर निम्नलिखित तथ्यों पर ध्यान दिलाना चाहूँगाः

हमारे देश में वर्तमान में श्रमिक भागीदारी दर देश की जनसंख्या का 50% है जो बहुत अच्छा है। हालांकि, तुलनात्मक दृष्टि से देखें तो ज्यादातर उन्नत अर्थव्यवस्थाओं में, फिलहाल यह अनुपात कुल आबादी के 70% से 91% से कम नहीं है। विशेष रूप से सउदी अरब, जापान, यूके और उत्तरी अमेरिका जैसे देशों में।

यह हमें हमारे देश के उत्पादक आबादी के बारे में बताता है। कार्यबल में जितने अधिक प्रतिशत श्रमिक हिस्सा लेंगे, कामकाजी आबादी पर बेरोजगारों और अवनियोजितों के पालन का बोझ उतना ही कम होगा। इसके अलावा, यह हमारे कार्यबल के बहुत बड़े हिस्से का पूर्ण गैर-साझेदारी की तरफ भी इशारा करता है जो हमारे देश में गरीबी और अपराध के उच्च दर के लिए दोषी कारणों को परिभाषित करने वाला कारक भी है।

मैं, हमारे देश के श्रमिक भागीदारी दर पर नीचे कुछ और आंकड़े प्रस्तुत कर रहा हूँ:

श्रमिक भागीदारी अनुपातः (प्रति 1,000 आबादी अनुपात), नीती आयोग की वेबसाइट पर वर्ष 2011-12 के उपलब्ध आंकड़ों के अनुसारः
पूरे भारत में: 460

पुरुषः 558

महिला: 253

भारतीय ग्रामीण: पुरुष: 553

महिला: 253

सभी ग्रामीण: 406

भारतीय शहरी: पुरुष 563

महिला: 253

सभी शहरी: 367

इस क्रियाशील कामकाजी आबाजी के साथ, उद्योग द्वारा कार्य बल की नियुक्ति इस प्रकार हैः

(प्रति 1,000 आबादी अनुपात)

1. समग्र ग्रामीणः

   कृषि: 641 इनमें महिलाएं: 749, पुरुष: 599.

   खनन और उत्खनन: 5 इनमें महिलाएं: 2. 9 पुरुष: 5

   विनिर्माण: 86 इनमें महिलाएं: 98 पुरुष: 81

   निर्माणः 94 महिलाएं: 66 पुरुष: 130

2. बिजली, गैस, जलापूर्ति: 2 महिलाएं '0' पुरुष 3 व्यापार (थोक और खुदरा): 14 महिलाएं: 30 पुरुष: 80

   परिवहन, भंडारण और संचार: 30 महिलाएं 2 पुरुष: 42

3. लोक प्रशासन एवं सामुदायिक सेवा: 53 महिलाएं: 50 पुरुष: 54

4. वित्त एवं बीमा सेवाएं: 8 महिलाएं: 2 पुरुष: 7 समग्र शहरी:

5. कृषि: 67 महिलाएं 109 पुरुष 60

6. खनन और उत्खनन: 236 महिलाएं: 3 पुरुष 9

पंजीकृत बेरोजगारों के लिए रोजगार के अवसर पैदा कर उनकी संख्या कम हुई है या नहीं, इसका हिसाब रखने के लिए प्रभावी निगरानी किए जाने की आवश्यकता है। यह मात्र बेरोजगारों के लिए है, योग्यता के अनुसार नौकरी न मिल पाने वालों यानि अवनियोजितों की समस्या भी गंभीर है। देश की अर्थव्यवस्था को, रोजगार सृजन हेतु सरकार द्वारा किए जाने वाले खर्च को बढ़ाकर या देश के आर्थिक विकास को गति प्रदान करने के लिए राजकोषीय, मौद्रिक और बजटीय नीतियां बना कर एवं त्वरित मोड में हमारे देश में रोजगार के प्रत्यक्ष अवसर पैदा कर, गति दिए जाने की आवश्यकता है।

हमारे देश की सरकार से हम इतनी अपेक्षा तो रख सकते हैं कि वह हमारे देश में रोजगार के अवसरों के पैदा करे एवं मुआवजे के लिए साहसिक नीतिगत पहल करे एवं देश के प्रत्येक नागरिक को न्यूनतम सम्मान के साथ जीवन जीने का अधिकार दे।

अध्याय 24

भारत की न्यायिक प्रणाली में सुधार.

भारत की न्यायिक प्रणाली में सुधार सिविल कोर्ट और क्रिमिनल कोर्ट दोनों का पदानुक्रम इस प्रकार है, सबसे ऊपर सर्वोच्च न्यायालय है, उसके बाद राज्य स्तर पर राज्य न्यायालय हैं, और फिर उनके नीचे महानगर न्यायालय और जिला न्यायालय तथा सत्र न्यायालय हैं। वर्तमान प्रणाली की मुख्य समस्याएँ हैं: सबसे पहले, सिविल और क्रिमिनल दोनों न्यायालयों में बहुत अधिक लंबित मामले हैं, मुकदमे असामान्य समय सीमा पर देरी से प्रभावित होते हैं, इस हद तक कि यह पीड़ित पक्ष को न्याय से वंचित करने का मामला बन जाता है। निर्णय की घोषणा के लिए दशकों का समय लगता है, यह आपराधिक उपेक्षा है, और इसके कारण उत्पीड़न के डर की कमी से अधिक अपराध या मुकदमे जारी रहते हैं। इसका मतलब है कि न्यायालयों में, न्याय को अवरुद्ध करने या अस्वीकार करने के उद्देश्य से अवैध कार्यवाही चल रही है, और यह भारत के नागरिकों के लिए मामलों की वास्तविक स्थिति है, अधिकांश मामलों में न्याय बाधित होता है! पक्ष द्वारा पीड़ित पक्ष को न्याय से वंचित करने का जानबूझकर प्रयास, कार्यवाही को लगातार समयबद्ध परिदृश्य में धकेलना, क्योंकि मामले समयबद्ध नहीं होते हैं, इसका मतलब है कि आरोपी बेखौफ हो जाता है। समाधान: सबसे पहले कार्यवाही में अनावश्यक रूप से देरी करने के जानबूझकर किए जाने वाले प्रयासों को रोकने के लिए नए कानून बनाए जाएं। इसे एक आपराधिक अपराध बनाया जाना चाहिए और ऐसे किसी

भी प्रयास के लिए आरोपी को सजा दी जानी चाहिए। सिविल और आपराधिक दोनों मामलों में फैसले समयबद्ध होने चाहिए, अधिकतम 30 दिन तक। इससे किसी भी विचलन के लिए पहले उच्च न्यायालय से मंजूरी लेनी होगी, फिर 15 दिन और 45 दिनों से 60 दिनों के बाद फैसले के लिए सर्वोच्च न्यायालय की मंजूरी की आवश्यकता होगी। यही एकमात्र तरीका है, जिससे न्याय दिया जा सकता है, फैसला सुनाया जा सकता है, और हमारी वर्तमान न्यायिक प्रणाली को भारत में सुधारा और प्रभावी बनाया जा सकता है। आपराधिक अदालतों के संबंध में दो और मुद्दे हैं, एक, गलत फैसला दिया जाना, दूसरा, दिया गया फैसला न दिया जाना या लागू न किया जाना। समाधान: जब गलत फैसला दिया जाता है, तो उच्च न्यायालयों में अपील के माध्यम से राहत और नियुक्त जूरी द्वारा उचित परिश्रम, फिर से समयबद्ध। इन कदमों से हमारी न्याय व्यवस्था प्रभावी होगी, तथा भारत के संविधान का सम्मान करते हुए पीड़ित पक्ष को न्याय दिया जाएगा, न कि न्याय से वंचित किया जाएगा। भगवान हमारी न्याय व्यवस्था को आशीर्वाद दें!

अध्याय 25

अखंड भारत!

अखंड भारत: जब हम अपने भारतीय उपमहाद्वीप के इतिहास को देखते हैं, तो यह स्पष्ट है कि भारत बहुत बड़ा था। और आज का हमारा भारत, बड़े भारतीय उपमहाद्वीप का हिस्सा है, और भारतीय प्रभाव क्षेत्र, सांस्कृतिक समानता, धार्मिक समानता, हमारा रहन-सहन, हमारा खान-पान आदि... उन अन्य राष्ट्रों के समान है जो मूल भारत से अलग हुए या आप इसे हिंदुस्तान भी कह सकते हैं। हमारी विरासत एक जैसी है, इतिहास एक साथ जुड़ा हुआ है, पहनावा, संगीत और कलाएँ, भाषाएँ आदि... बहुत कुछ ऐसा है जो समान है। उदाहरण के लिए, नेपाल, बर्मा, भूटान, मालदीव, मॉरीशस, थाईलैंड, मलेशिया, इंडोनेशिया, फिलीपींस, बांग्लादेश, पाकिस्तान, सिंगापुर, तिब्बत, श्रीलंका, अफगानिस्तान..., प्रभाव के प्रमुख क्षेत्रों को लें, और इन सबके केंद्र में भारत का उल्लेख न करें? आपको भारतीय उपमहाद्वीप में एक ही तरह के मंदिर, भोजन, वास्तुकला, धार्मिक प्रथाएँ, त्यौहार, स्मारक, भाषाएँ, मुद्रा, प्राचीन ग्रंथ, त्यौहार एक समान मनोविज्ञान मिलेंगे। इतनी सारी समानताओं के साथ, क्या हमें एक समान उद्देश्य के लिए, एक बहुराष्ट्रीय गठबंधन के साथ एकजुट नहीं होना चाहिए, जहाँ हम इस क्षेत्र में अपने समान हितों की सेवा करें, इन सभी देशों की आबादी के जीवन को समृद्ध करें? पर्यटन, शैक्षिक आदान-प्रदान, सांस्कृतिक आदान-प्रदान, एक-दूसरे की विरासत को साझा करना, त्यौहार, आर्थिक सहयोग, व्यापार संवर्धन, सैन्य, छात्र कार्यक्रम, वीज़ा

की आवश्यकता नहीं, या आगमन पर वीज़ा आदि से शुरू करना... राष्ट्रों के रूप में हमारी अपनी इकाई हो सकती है, जैसे यूरोपीय संघ, या ई.यू. यूरोपीय संघ अनुकरण करने के लिए एक अच्छा मॉडल है। उनके पास एक समान मुद्रा है, वीज़ा की आवश्यकता नहीं है, एक पूरा व्यापार बाजार है, आदि... हम ई.यू. को अनुकरण करने के लिए एक मॉडल के रूप में क्यों नहीं उपयोग कर सकते? यह सबसे अच्छा है। मुझे यकीन है कि सभी राष्ट्रों को आपसी लाभ के लिए एक-दूसरे से लाभ होगा। मुझे यकीन है कि सभी देशों के लिए ऐसा करना सुंदर और अद्भुत होगा! मैं भारतीय उपमहाद्वीप में इस राष्ट्रीय गठबंधन के लिए एक भव्य नाम सुझा रहा हूँ: अखंड भारत! यह यूरोपीय संघ जैसा है, और हमारा अखंड भारत एक महान शक्ति केंद्र होगा, ठीक वैसे ही जैसे यूरोपीय संघ अभी है! ईर्ष्या और सम्मान का एक शक्ति केंद्र! माताजी अखंड भारत को आशीर्वाद दें! धन्यवाद!

www.ingramcontent.com/pod-product-compliance
Lightning Source LLC
LaVergne TN
LVHW100847071026
849525LV00026B/821
* 9 7 9 8 8 9 5 8 8 0 6 9 2 *